Toni Hammersley

PLATZ
SCHAFFEN

PLATZ
SCHAFFEN
WIE SIE IHR ZUHAUSE
OPTIMAL ORGANISIEREN

Toni Hammersley

mvgverlag

TEIL EINS
Küche + Essen

TEIL ZWEI
Wohnen + Aufbewahren

Arbeitsbereiche + Garten

DECOR GARDENING HEALTH

BREAD

MINT JULEPS

H
John & Toni
Est. 1997

Mr. & Mrs.

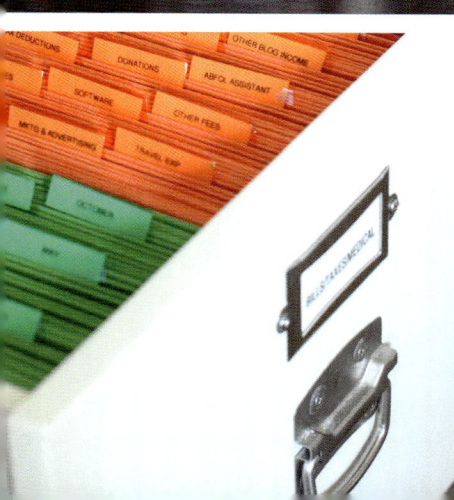

 In unserem Zuhause achten wir auf Ausgleich. An den meisten Tagen ist der Hund hinter der Katze her und das Essen kocht auf dem Herd über. Berge von Wäsche, eine Spüle voller Teller und ungemachte Betten schreien nach Aufmerksamkeit. Zwischen den chaotischen Tagen, wenn die Hektik nachlässt, sieht man aber auch Staubsaugerspuren am Teppich, eine blankpolierte Kühlschranktür und einen Hauch Ordnung in der Speisekammer. Ausgleich statt Perfektion – das Geheimnis für ein glückliches Zuhause. In diesem Buch zeige ich Ihnen, wie auch Sie dieses Gleichgewicht erhalten und Ihr Zuhause wieder lieben wie am ersten Tag.

Jeder Bereich wird behandelt: Wir durchkämmen, entrümpeln, verschenken und sortieren. Wöchentliche Aufgaben mit Checklisten sollen das Arbeiten interessanter und einfacher gestalten. Jede Aufgabe konzentriert sich auf einen Wohnbereich; den Anfang macht die Küche. Es gibt Lösungen für häufige Ordnungsprobleme und dazwischen motivierende Bilder. Am Ende des Buchs wird das Chaos beseitigt und Ihr Zuhause wieder ein aufgeräumter Ort sein.

Also ran ans Durcheinander! Erobern Sie Ihren Platz zurück! Nehmen Sie sich für die Aufgaben alle Zeit, die Sie brauchen, und lassen Sie sich von diesem Buch inspirieren. Denken Sie daran: Der Weg ist das Ziel.

Alles Liebe,
Toni

Küche+Essen

Die Küche ist mein liebster Ort in unserem Haus. Hier kann ich beim Dekorieren, Einrichten, Kochen und Backen meine Kreativität entfalten. Im Lauf der Jahre wurde aus einer Chaosküche ein stimmiger, ordentlicher Raum. Nach vielen Versuchen fand ich neue Systeme, die für meine Familie funktionierten und die ich in diesem Kapitel mit Ihnen teilen werde, damit auch Sie das Beste aus Ihrer Küche machen – egal, wie viel oder wie wenig Platz Sie haben. Danach ist das Esszimmer dran, das auch nicht vergessen werden darf. Indem diese beiden Räume verknüpft und mit möglichst vielen Ordnungslösungen bereichert werden, können Sie das Chaos verringern und die Aufbewahrungsmöglichkeiten verbessern, damit Sie diese Bereiche voll auskosten können.

001

DIE KÜCHE NEU ERFINDEN

Die Küche ist das Herz des Hauses. Ein gut durchdachter Raum optimiert das Kochen, Backen und Saubermachen – und maximiert Zeit und Produktivität. Bevor Sie mit dem Ausräumen beginnen, schreiben Sie einen Plan auf. Wie viele Fächer und Schubladen gibt es? Was muss geordnet werden? Welche Bereiche werden für welche Arbeiten genutzt? Wie viele Küchengeräte und welches Geschirr können Sie entbehren und wie viel Platz entsteht dadurch? Bringen Sie Ihre Ideen detailliert zu Papier. Wenn Ihr Plan fertig ist, können Sie sich an die Arbeit machen.

002

IN BEREICHE EINTEILEN

Die Küche ist am effizientesten, wenn man Sie aufgliedert. Es gibt fünf Hauptbereiche: Kochen, Zubereitung, Reinigung, Aufbewahrung und Lebensmittel. Alles in der Küche sollte in eine dieser Kategorien passen. Was sich nicht einordnen lässt, gehört vielleicht nicht in die Küche.

A. KOCHEN In den Kochbereich gehören Gewürze, Öl und Essig, Geschirr, Töpfe und Pfannen, Topflappen, Untersetzer und andere Küchenhelfer.

B. REINIGUNG Alle Utensilien zum Saubermachen der Küche gehören in diesen Bereich, der sich meist um Geschirrspüler und Spüle zentriert. Unter anderem sind das Reinigungsmittel, Gegenstände unter der Spüle (Schwämme, Küchenrollen, Mikrofasertücher, Müllbeutel, Spülmaschinentabs) sowie verschiedene Mülleimer.

C. ZUBEREITUNG In diesem Bereich befindet sich alles für die Zubereitung von Speisen. Hier finden sich unter anderem Rührschüsseln, Messer, Schneidebretter, Küchengeräte, Mixer und weitere Utensilien. Innerhalb dieses Bereichs bilden sich spezielle Unterbereiche, zum Beispiel die Back- und Pausenbrotbereiche (siehe Nr. 015, 047).

D. AUFBEWAHRUNG Hier befinden sich Tupperdosen, das Besteck, Teller, Gläser und kleine Geräte.

E. LEBENSMITTEL Die Speisekammer ist der Lebensmittelbereich. Wenn Sie keinen eigenen Raum dafür haben, verwenden Sie ein paar Kästen oder einen Schrank als Vorratslager für Lebensmittel.

Kücheninseln sind ideale Allzweckbereiche, die als Stauraum oder zum Zubereiten von Speisen dienen können.

003

DIE KÜCHE ABENDS AUFRÄUMEN

Nichts ist so schön, wie morgens einen sauberen Raum vorzufinden. Nehmen Sie sich daher jeden Abend nach dem Essen, wenn die Kinder im Bett sind, 15 Minuten Zeit für ein schnelles Aufräumen und Abwischen. Danach werden Sie sich viel entspannter fühlen und können am nächsten Tag gleich mit den neuen Arbeiten beginnen.

GESCHIRR Befüllen Sie die Spülmaschine (und leeren Sie sie am nächsten Morgen – so wissen Sie immer, ob sie voll oder leer ist).

SPÜLE Die Spüle reinigen: Essensreste abspülen, mit Natron nachschrubben und Reiniger verwenden (siehe Nr. 004). Einmal in der Woche empfiehlt sich dann eine gründliche Reinigung der Spüle.

FLÄCHEN Arbeitsflächen, Herd, Tisch und andere Oberflächen einsprühen und nachwischen.

TÜCHER Frische Spüllappen und Geschirrtücher bereitlegen und die schmutzigen zur Wäsche geben.

MÜLL Den Müll hinausbringen, um Gerüche und Lecks zu vermeiden, und einen neuen Müllbeutel einlegen.

004

SELBSTGEMACHTER REINIGER FÜR DIE SPÜLE

Studien haben ergeben, dass sich in der Küchenspüle mehr Bakterien befinden als in der Toilettenschüssel. Hier ist mein Rezept für einen einfachen Reiniger für die Spüle, den Sie täglich verwenden können, um die Keime in Ihrer Spüle zu minimieren.

WAS MAN BENÖTIGT:
1 saubere Sprühflasche
1 Teil weißer Essig
1 Teil Wasser

ANLEITUNG
Essig und Wasser einfüllen, die Flasche verschließen und kräftig schütteln. Mit Permanentmarker „Reiniger für Spüle" hinaufschreiben, um Verwechslungen zu vermeiden und an ihn zu erinnern. Sprühen Sie Spüle und Wasserhahn ein, kurz einwirken lassen, dann abwischen und schon ist Ihre Spüle wieder frisch.

Profitipp

NATRON UND ZITRONE

Natron ist der heimliche Held eines frischen, sauberen Haushalts. Verwenden Sie eine halbe Zitrone mit etwas Natron als einfachen, selbstgemachten Schrubber.

Diese Kombination entfernt auch Rost auf Emaillebadewannen und wirkt gegen viele andere scheinbar hartnäckige Flecken. Die Zitrone hellt auch vergilbte Stellen auf.

Sie werden staunen, wie leicht – und auf welche natürliche Weise – die Flecken verschwinden.

005

GEWÜRZE NEU SORTIERT

Gewürze sind die Seele jeder hausgemachten Speise, darum gehören sie beim Kochen in greifbare Nähe. Schaffen Sie eine geordnete Gewürzstation im Kochbereich, um Gewürze, Öle und Würzmischungen aufzubewahren. Da alles zweckmäßig sein soll, empfiehlt sich ein Bereich neben dem Herd. Es ist auch Zeit, uralte Gewürze zu entsorgen und sie durch frische zu ersetzen.

AUSMISTEN Alle Gewürze aus den Schränken, Schubladen und aus der Speisekammer holen, um Inventur zu machen. Die abgelaufenen Gewürze wegwerfen – ihr Aroma ist verflogen.

SORTIEREN Nach Größe und Art der Zutaten (Speiseöle, Gewürze zum Kochen, Gewürze zum Backen, Mischungen usw.) sortieren.

ORDNEN Die restlichen Behälter in Gewürzregale oder -karusselle, in Schubladen oder in Körbe stellen. Hilfreich ist es auch, sie alphabetisch zu ordnen.

EIGENER PLATZ Richten Sie einen eigenen Platz in Herdnähe extra für Öle, Essig und andere häufig verwendete Gewürze ein (siehe Nr. 006, rechts).

006

DAS WICHTIGSTE IN REICHWEITE

Auf der Arbeitsfläche einen eigenen Platz für die wichtigsten Zutaten zu haben, ist äußerst praktisch. Am häufigsten verwendet man Olivenöl, Essig, Salz, Pfeffer und Knoblauch, die man daher am besten in Reichweite des Kochbereichs aufbewahrt. Um diesen Bereich hervorzuheben, können Sie alles auf ein altes Schneidebrett oder ein Käsetablett stellen.

007

ÜBER DAS REGAL HINAUSSCHAUEN

Am liebsten bewahre ich Gewürze in Gewürzkarussellen und Schubladen auf. Kein Regal notwendig.

Man kann mehrere Karusselle für verschiedene Kategorien verwenden: Gewürze zum Backen/zum Kochen, Mischungen, Flüssigwürze. So findet man bestimmte Zutaten viel schneller.

Wenn Sie wenig Platz im Schrank haben, bewahren Sie Ihre Gewürze doch in einer Schublade auf. Dafür benötigen Sie

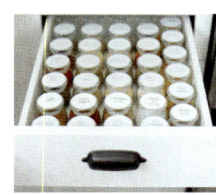

Gewürzgläser, die man dann effektiv ordnen kann und die für Einheitlichkeit sorgen. Vor dem Kauf der Gläser aber unbedingt deren Höhe und die Tiefe der Laden ausmessen. Man kann sogar noch einen Schritt weitergehen und die Gewürze in der Schublade alphabetisch ordnen. Das klingt verrückt, erleichtert das Leben aber ungemein.

Falls Sie Ihre Gewürze in neue Behälter füllen, vergessen Sie nicht, die Gläser an der Unterseite mit dem Ablaufdatum zu beschriften.

008

KOCHBESTECK KATEGORISIEREN

Schaffen Sie eine praktische, ordentliche Küche, indem Sie Kochbesteck in Gruppen einteilen und nach Verwendungszweck kategorisieren.

SÄUBERN Alle Besteckschubladen leeren und auswischen.

AUSMISTEN Alles, was in den letzten zwölf Monaten nicht benutzt wurde, verschenken oder wegwerfen.

ORDNEN Behälter und andere Gegenstände in Kategorien einteilen.

GESTALTEN Verwenden Sie Gläser, Körbe oder Dosen auf der Arbeitsfläche oder gestalten Sie eine Schublade um. In Schmortöpfen kann man viele Utensilien gut zugänglich aufbewahren. Stellen Sie einige Töpfe in Reichweite auf Ihrer Arbeitsfläche auf.

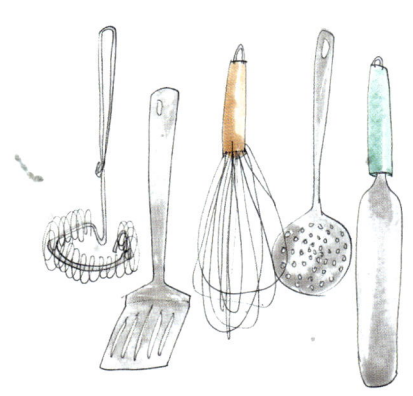

MESSGERÄTE Sind alle an einem Ort, gibt es keine Sucherei, wenn man eines braucht. Bei knappem Platz kann man Messlöffel auch mit Klebehaken an einer Schranktür befestigen.

SCHNEIDWERKZEUGE Messer, Wiegemesser, Käseschneider, Apfelteiler, Ausstecher, Scheren – es ist praktisch, alles Scharfe sicher in einer Schublade verstaut zu haben.

009

ORDNUNG IN DEN SCHUBLADEN

Misten Sie beim Saubermachen und Ordnen gnadenlos alles aus, was Sie nicht mehr brauchen. Damit schaffen Sie Platz für das, was Sie wirklich brauchen. Ordnen Sie die Schubladen wie folgt nach dem Verwendungszweck ihres Inhalts:

WICHTIGES Häufig verwendete Gegenstände wie Dosenöffner und Gummischaber sowie alles, was für Ihre Kochgewohnheiten wichtig ist – etwa Mörser und Stößel, Schäler und Hobel oder Teezubehör.

WENIGER WICHTIGES Gegenstände für besondere Gelegenheiten und Rezepte: Backutensilien, Reiben und Küchenthermometer werden nicht jeden Tag benötigt, aber Sie wissen bei Bedarf, wo Sie alles finden.

012 TELLER IN SPÜLNÄHE LAGERN

Die Spülmaschine ist viel schneller ein- und ausgeräumt, wenn die Teller in der Nähe aufbewahrt werden. Mit Drahtgestellen schaffen Sie noch mehr Platz im Tellerschrank. Angeschlagene und nicht mehr benötigte Teller ausrangieren. Die meisten Platzprobleme in der Küche entstehen, weil man auch jene Gegenstände aufbewahrt, die man gar nicht mehr verwendet.

010 DECKEL UND SCHÜSSELN SEPARAT VERWAHREN

Egal, ob Plastik oder Glas, die meisten Vorratsdosen bestehen aus zwei Teilen: einer Schüssel und einem Deckel. Ordnen Sie den Bereich, indem Sie die Deckel separat aufbewahren – in einem eigenen Korb oder in einem Hängeregal an der Tür. Den restlichen Platz nutzt man am besten, wenn man die Behälter nach Größen geordnet ineinanderstellt.

011 NEUE IDEEN FÜR TÖPFE UND PFANNEN

Töpfe und Pfannen machen es einem schwer, sie ordentlich aufzubewahren. Es gibt mehrere Möglichkeiten, sie zu lagern: auf einer Stange hängend, in Drahtregalen, auf einem offenen Regal oder im Schrank. Für etwas mehr Geld gibt es in manchen Baumärkten auch spezielle Aufbewahrungssysteme. Als preiswerte Variante kann man auch vertikale Aktenhalter (aus dem Bürobedarf) verwenden, um Backbleche, Gitter und Muffinformen aufzubewahren.

Profitipp

ALLES EINPACKEN

Haben Sie wenig Platz, bewahren Sie Pappteller und Plastikbesteck in einem hübschen Metallkorb auf. Für die Grillparty einfach den Korb schnappen und ab nach draußen!

013
ARBEITSFLÄCHEN FREIMACHEN

Gibt es etwas Schöneres, als die Küche zu betreten und saubere, freie Flächen zu sehen? Vielleicht. Aber nichts ist schlimmer als nach einem langen Tag müde das Abendessen kochen zu wollen und erst noch die Arbeitsflächen freiräumen zu müssen, bevor man mit der Zubereitung beginnen kann.

Wie wir alle wissen, erzeugt Chaos weiteres Chaos. Das ist eine selbsterfüllende Prophezeiung. Aber wenn Sie genau hinschauen, was gerade den Platz auf Ihren Flächen belegt, finden Sie bestimmt eine kreative Lösung zum Umräumen, damit Sie wieder in einer chaosfreien, kochbereiten Küche werken können.

MESSER Weg mit dem klobigen Messerblock! Hängen Sie Messer lieber auf eine Magnetleiste.

TÖPFE UND PFANNEN Hängen Sie sie an die Wand oder lagern Sie sie in einem offenen Regal.

KÖRBE Vitamine und Arzneiflaschen lassen sich gut in hübschen Weidenkörben verstauen.

BROTDOSE Für Brotlaibe gibt es dekorative Brotdosen aus Emaille.

014
ORDNUNG HALTEN

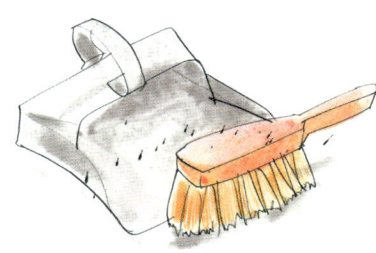

Es ist schwierig, sich das sofortige Reinigen der Küche zur Gewohnheit zu machen, aber wenn man es dann schafft, fragt man sich, warum man es nicht schon immer so gemacht hat. Die Überwindung ist anfangs groß, aber langfristig erspart man sich viel Arbeit.

Waschen Sie das Geschirr direkt nach der Verwendung – entweder in der Spülmaschine, die Sie jeden Abend gefüllt einschalten, oder nehmen Sie sich einige Minuten Zeit, um es mit der Hand zu spülen.

Falls Sie es nicht ohnehin machen, wischen Sie den Küchenboden einmal in der Woche. Das muss nicht extrem gründlich sein – kehren Sie Krümel mit einem Besen auf und wischen Sie feucht nach.

Nehmen Sie sich jeden Tag fünf Minuten Zeit zum Wegräumen von allem, was nicht in die Küche, auf die Flächen oder in die Regale gehört. Schmieren Sie Pausenbrote, tauen Sie Fleisch für den nächsten Tag auf und bereiten Sie das Frühstück vor. Sie werden es nicht bereuen!

015

EINEN BACKBEREICH EINRICHTEN

Verfügen Sie über einen bestimmten Bereich in der Küche, in dem Sie Kekse oder Brot backen? Wenn sich alle Zutaten in Reichweite befinden, werden Sie sich wie ein Konditor fühlen.

Sie benötigen dafür keine großen Schubladen. Jeder Schrank eignet sich dafür, solange sich alle Zutaten für Ihre Rezepte an einem Ort und ganz in Ihrer Nähe befinden.

Nutzen Sie den kompletten Platz aus und hängen Sie Ihre Topflappen an einen Klebehaken an die Innenseite der Schranktür.

SCHRITT EINS Alle Backzutaten (siehe Nr. 016) herausholen und das Ablaufdatum prüfen.

SCHRITT ZWEI Fehlende Zutaten auf eine Liste schreiben und alles Benötigte einkaufen.

SCHRITT DREI Ein Schrankfach, ein Regal oder eine Schublade für den Backbereich freimachen.

SCHRITT VIER Alle Behälter beschriften und neu einräumen. Jeder Behälter eignet sich dafür – ich mag Behälter mit Druckknopf, da sie auch mit schmierigen Händen leicht zu öffnen sind und gut zueinander passen. Einmachgläser eignen sich ebenfalls. In den Backbereich gehören auch Ihre Lieblingsrührschüsseln.

016

GRUNDAUSRÜSTUNG FÜR DAS BACKEN

Ganz gleich, wie erfahren Sie beim Backen sind, bestimmt besitzen Sie viele Zutaten. Die folgende Liste hilft Ihnen beim Befüllen Ihrer Behälter.

GROSSE BEHÄLTER

☐ Allzweckmehl
☐ Mehl mit Backpulverzusatz
☐ Brotmehl
☐ Puderzucker
☐ kernige Haferflocken
☐ zarte Haferflocken
☐ Kristallzucker

MITTELGROSSE BEHÄLTER

☐ Rohrrohrzucker
☐ Vollrohrzucker
☐ Schokoflocken
☐ Backmischung

KLEINE BEHÄLTER

☐ Kakaopulver
☐ Rosinen
☐ Blockschokolade
☐ Backpulver
☐ Natron
☐ Hefe (einzeln verpackt)
☐ Maisstärke

017 EIN EIGENER GETRÄNKEBEREICH

Als Kaffeeliebhaber können Sie Zeit und Geld sparen, indem Sie ein Mini-Café in Ihrer eigenen Küche einrichten. Der Bereich kann auf der Arbeitsfläche oder auf einem eigenen Tisch oder einer Anrichte sein, wo Sie dann Ihre Lieblingsgetränke und alles Zubehör anordnen. Das ist leicht gemacht und lohnt sich.

A. TEE- ODER KAFFEEKANNE Man benötigt nicht unbedingt eine teure Kaffeemaschine für diesen besonderen Bereich. Das Hauptaugenmerk dieses Projekts kann genauso gut auf einem Kaffeespender, einem Teekessel, einer Espressokanne oder aber auch einem Vollautomaten mit allen Schikanen liegen.

B. TASSEN Häufig verwendete Tassen gehören in Reichweite, am besten auf einem hübschen Tablett präsentiert.

C. KAFFEE UND TEE Wenn Ihre Maschine kein Fach für Kaffeebohnen hat, bewahren Sie auch Kaffee, Bohnen oder Kapseln in einem großen, luftdicht verschließbaren Behälter im Kaffeebereich auf. Tee ist oft dekorativ verpackt und muss daher auch nicht versteckt werden.

D. ZUBEHÖR Eigene Gefäße für Zucker, Sahne und Honig sorgen für die besondere Note. Im Internet gibt es viele passende Sets.

E. SIRUP Jetzt wird der Bereich mit Köstlichkeit gefüllt: Sie können Sirupe für Kaffee und Tee online bestellen und sich ganz als Barista fühlen. Ein Tablett als Unterlage für die Sirupe sorgt für Übersicht und kann bei Platzbedarf rasch weggestellt werden.

F. BARLÖFFEL Besorgen Sie einige Einweg-Rührstäbchen aus Holz oder stellen Sie einen Ständer oder ein Glas mit Löffeln auf.

018 EINE KLEINE HAUSBAR EINRICHTEN

Mischen Sie einen fantastischen Martini in Ihrer eigenen Cocktailbar! Mit einigen wenigen Geräten, Spirituosen, Fillern und Gläsern peppen Sie Ihre Partys mit Dutzenden Cocktails auf. Dabei ist keine riesige Auswahl notwendig. Die wichtigsten Spirituosen und einige Filler reichen vollkommen aus. Wenn Sie nicht alles auf einmal kaufen möchten, fangen Sie mit den Zutaten Ihrer Lieblingsdrinks an und erweitern Sie die Bar nach und nach.

HILFSMITTEL
- ☐ Rezeptebuch
- ☐ Shaker mit Sieb und Barmaß
- ☐ Eiskühler
- ☐ Rührlöffel und Stößel

SPIRITUOSEN
- ☐ Wodka
- ☐ Tequila
- ☐ Rum
- ☐ Whisk(e)y
- ☐ Cognac
- ☐ Gin
- ☐ Bourbon

FILLER
- ☐ Cocktailliköre
- ☐ Cocktailbitter
- ☐ trockener und süßer Wermut
- ☐ Fruchtsäfte
- ☐ Cocktailsirup
- ☐ Tabasco-Sauce
- ☐ Tonic und Sodawasser
- ☐ Olivenlake

EBENFALLS WICHTIG
- ☐ Zuckerwürfel
- ☐ Cocktailspieße
- ☐ Zitruspresse
- ☐ Schneidebrett und Messer

GLÄSER (JEWEILS 6 STÜCK)
Whiskygläser (Tumbler), Longdrink-Gläser, Gläser mit Stiel (Wein-, Champagner-, Martinigläser) und Schnapsgläser.

Ungewöhnliche Aufbewahrungsideen und Materialmixe setzen in einer einfarbigen Küche bunte Akzente.

019

BLICK IN DEN KÜHLSCHRANK

Zur perfekten Küche gehört auch das Saubermachen des Kühlschranks. Diese einfache, schnelle Aufgabe hat eine große Wirkung.

SCHRITT EINS Alle entnehmbaren Teile entfernen, mit Wasser und Seife waschen und wieder einsetzen.

SCHRITT ZWEI Waschbare Auflagen in alle Fächer legen. Das sieht ordentlich aus und saugt Flüssigkeiten auf. Wechseln Sie die Auflagen etwa alle sechs Monate.

SCHRITT DREI Unterteilen Sie die Fächer mit kleineren Behältern, um die Lebensmittel zu sortieren, Reste im Blickfeld zu behalten und Pausenbrote und Snacks griffbereit zu haben.

SCHRITT VIER Alle Würzmittel in einen Behälter geben.

SCHRITT FÜNF Behälter in den Schubfächern ordnen den Inhalt, zum Beispiel Käsesorten. Wenn Sie Ihre Einkaufsliste schreiben, genügt ein Blick in den übersichtlichen Kühlschrank und Sie wissen, was benötigt wird.

020

ALLES BESCHRIFTEN

Für die ultimative Ordnung im Kühlschrank können Sie die Behälter noch beschriften. Kleine, individuell befüllte Tüten mit Obst und Gemüse animieren Sie, zu einem gesunden statt zu einem ungesunden Snack zu greifen. Probieren Sie es aus – es funktioniert tatsächlich!

021
GEFRIERSCHRANK MIT SYSTEM

In der Küche läuft es viel rationeller ab, wenn alles an seinem Platz und gut erreichbar ist. Ordnung im Gefrierschrank spart Ihrer Familie viel Zeit und Geld.

TEILEN UND HERRSCHEN Teilen Sie den Inhalt nach Häufigkeit der Verwendung in Kategorien ein.

FARBSYSTEM Sortieren Sie das Gefriergut in bunten Plastikbehältern. Das ist nicht nur praktisch, es sieht auch viel freundlicher aus.

BEHÄLTER Sobald Sie wissen, wie viele Kategorien Sie benötigen, besorgen Sie die Behälter. Sie brauchen mindestens einen Behälter pro Kategorie. Preiswerte Plastikbehälter gibt es heutzutage fast überall zu kaufen.

BESCHRIFTEN Für eine noch bessere Ordnung kann man jeden Behälter beschriften. Das mag unnötig erscheinen, hilft aber anderen Familienmitgliedern, die Einkäufe richtig zu verstauen.

VORRÄTE EINLAGERN Jetzt, da Ihr Gefrierschrank für Sie bereitsteht, ist es an der Zeit, Vorräte zu kaufen und sich endgültig von Gefrierbrand zu verabschieden (siehe Nr. 022).

022
GEFRIERBRAND VERMEIDEN

Gefrierbrand ist vermeidbar – wenn Sie Ihren neu sortierten Gefrierschrank vorteilhaft nutzen. Die Behälter helfen bei effizienter Speisenplanung (und beim Brainstorming fürs Last-Minute-Abendessen) und schützen das gefrorene Fleisch vor wochenlangem Liegen unter anderem Gefriergut. Legen Sie jeden Monat die ältesten Lebensmittel in jedem Behälter nach vorne und oben. Zusätzlichen Schutz bieten vakuumverschließbare Beutel.

023
AB IN DIE TRUHE

Sind Ihre Familie und Ihre Geldbörse so groß, dass Sie in rauen Mengen kaufen, hätten Sie vielleicht gerne mehr Platz. Eine Tiefkühltruhe lohnt sich, vor allem, wenn jeder Gegenstand leicht zu finden ist.

ALLES RAUS Die Truhe leeren und alles wegwerfen, was abgelaufen ist oder Gefrierbrand aufweist. Was noch gut ist, aber Ihre Familie nicht mag, kann gespendet werden.

GRÜNDLICH REINIGEN Eine Truhe wird leicht übersehen. Nutzen Sie die Gelegenheit für eine gründliche Reinigung innen und außen.

SORTIEREN Wenn Sie alles vor Augen haben, sortieren Sie das Gefriergut in Kategorien, die zu Ihrer Familie passen, etwa Fleisch, Wild, Getränke, Snacks und Beilagen.

SCHUBLADENTEILER Bevor Sie alles wieder einräumen, überlegen Sie sich, wie Sie den Platz aufteilen wollen. Im Internet kann man tolle Schubladenteiler für Gefriertruhen bestellen. Preiswerter ist es, alles in Einkaufstüten zu packen.

BESCHRIFTEN Nutzen Sie Ihre Tiefkühltruhe auch! Verwenden Sie Haftnotizen oder andere Etiketten, um den aktuellen Inhalt darauf zu notieren. So müssen Sie nicht die eisigen Fächer durchwühlen, wenn Sie etwas suchen, und auch Ihre kulinarischen Helfer wissen, wo alles zu finden ist. (Außer natürlich, wenn nur Sie das geheime Versteck der Sahnetorte kennen dürfen.)

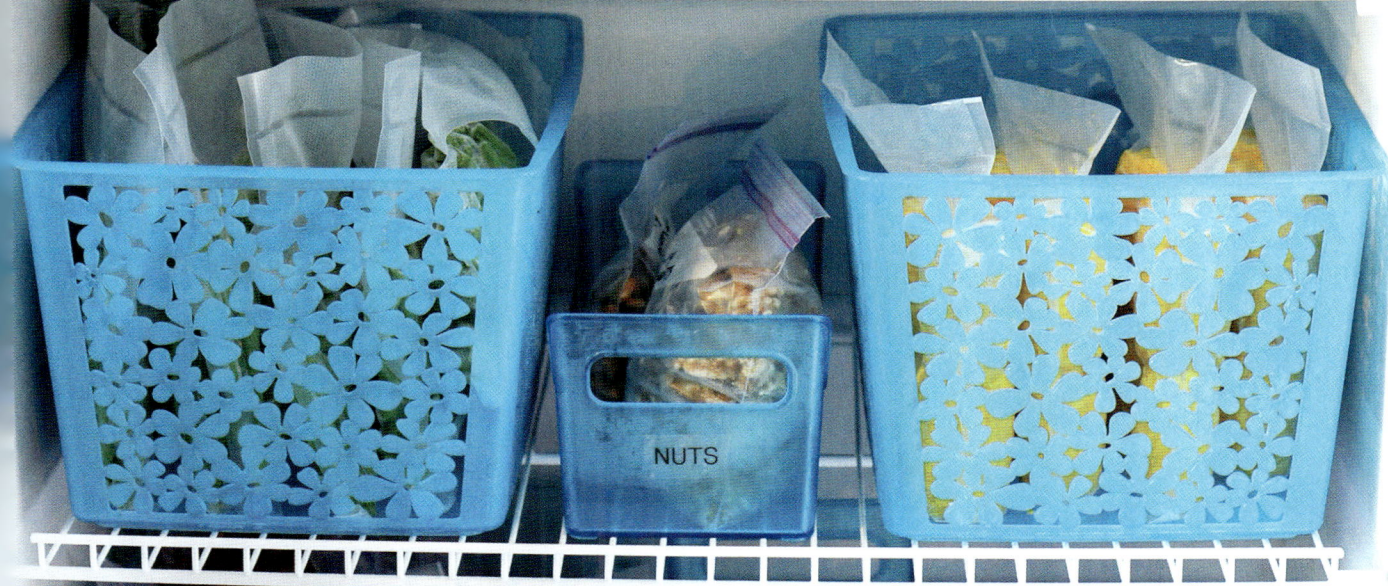

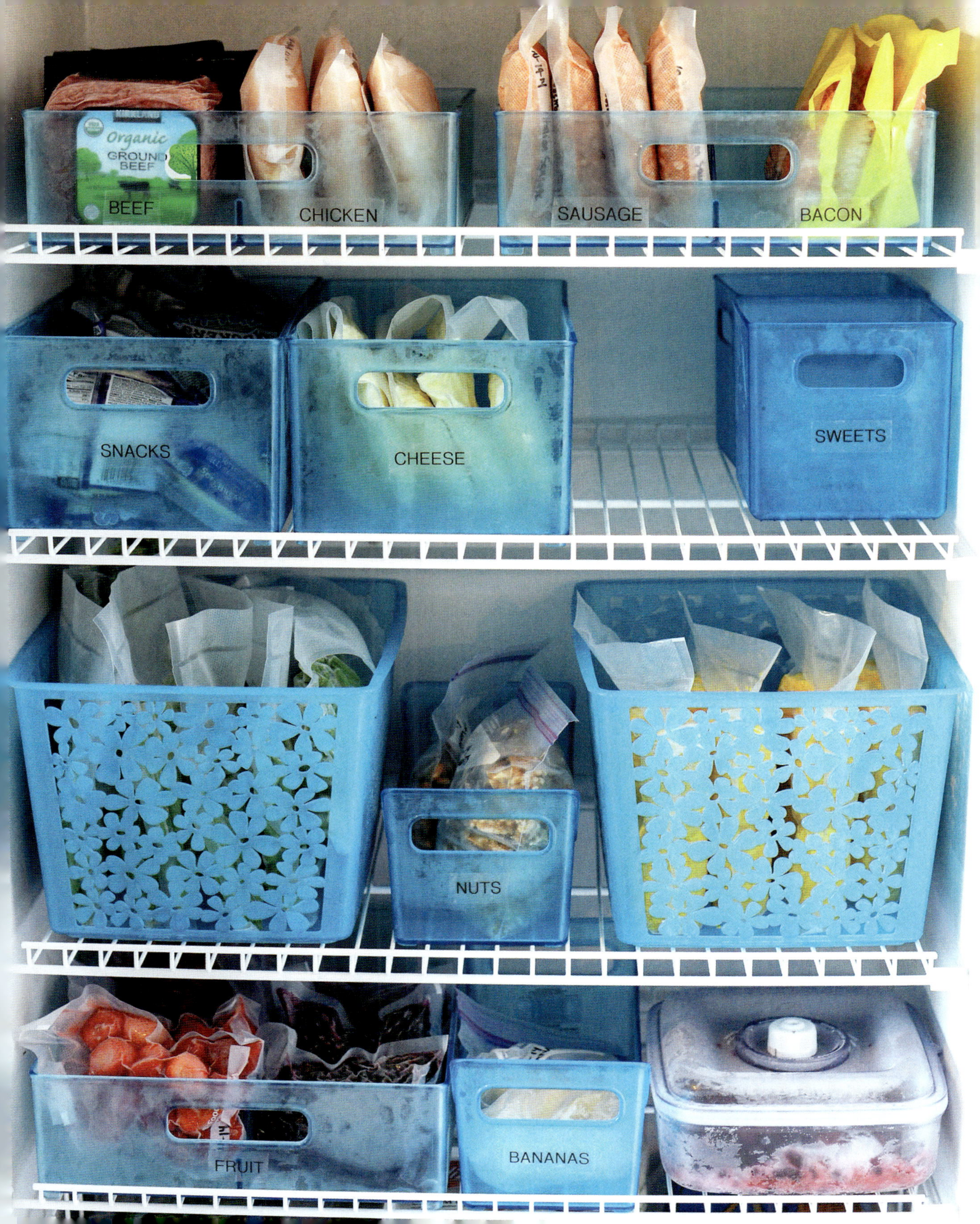

Organic
GROUND BEEF
BEEF
CHICKEN
SAUSAGE
BACON
SNACKS
CHEESE
SWEETS
NUTS
FRUIT
BANANAS

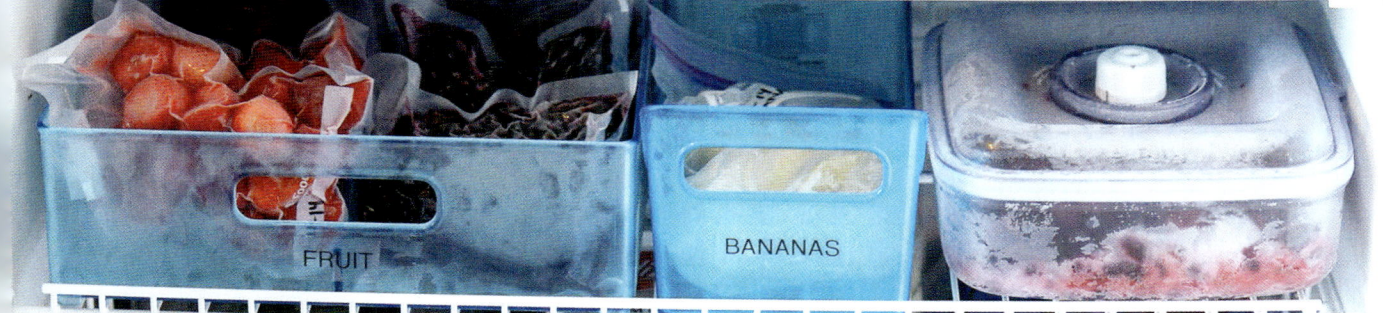

024

GENAUER GERÄTECHECK

Kleine Küchengeräte kauft man gerne, aber nach der anfänglichen Begeisterung verschwinden sie meist im Schrank. Wahren Sie mithilfe der folgenden Schritte den Überblick über Ihre Geräte.

INVENTUR Holen Sie vor dem Ordnen alle Geräte aus den Schränken und machen Sie Inventur. Wie viele sind es? Welche sind nur noch Staubfänger? Welche verwenden Sie am häufigsten? Welche sind

entbehrlich? Geräte wie Sandwichmaker oder Nudelmaschine machen anfangs Spaß, werden langfristig aber eher selten benutzt. Manche ähnliche Geräte besitzen Sie vielleicht sogar in verschiedenen Größen.

VERWENDUNGSZWECK Bedenken Sie die Funktionen Ihrer Geräte. Wenn Ihr Mixer auch zerkleinern kann, könnten Sie den Zerkleinerer ausrangieren.

SORTIEREN Sortieren Sie die Geräte in zwei Kategorien: „wird selten verwendet" und „wird oft verwendet". Nur das behalten, was Sie auch verwenden und worauf Sie nicht verzichten können. Der Rest kommt weg. Wenn Sie die Popcornmaschine nur zum alljährlichen Filmabend herausholen, brauchen Sie sie nicht. Mikrowellenpopcorn tut es auch. Oder schenken Sie sie einer Freundin und borgen Sie sie einmal im Jahr aus.

VERRÄUMEN Kleine Geräte von der Arbeitsfläche räumen und alle zusammen in einem Schrankfach oder in der Speisekammer lagern. So sieht es ordentlicher aus. Damit man keines der weggeräumten Geräte vergisst, nur jene verwahren, die man auch verwendet.

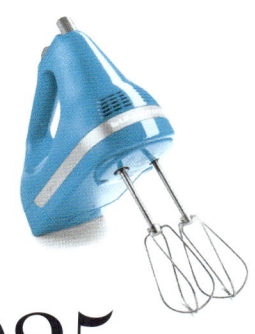

025
NACH ZWECK ORDNEN

Wenn Sie Ihre Geräte lagern (nicht vergessen: nur die allerwichtigsten), sortieren Sie sie am besten nach ihrem Zweck. Sonst vergisst man leicht, was man hat und wo man es aufbewahrt. Einige der unten genannten Geräte werden manchen Lesern überflüssig vorkommen. Aber auf jedes staubfangende Caquelon kommt ein Haushalt voller Fonduefans. (Umgekehrt gilt: Nur weil ein Gerät auf der Liste steht, heißt das noch lange nicht, dass Sie Ihres behalten sollen.)

MIXEN Stabmixer, Handmixer, Küchenmaschine, Standmixer und Entsafter kommen zusammen in ein Fach oder einen Schrank.

ERHITZEN In diese Kategorie fallen Toaster, Tischbacköfen, Kontaktgrill, Popcornmaschine, Fondue-Set und Waffeleisen.

KOCHEN Hier werden Reiskocher, Schongarer, Brotbackautomat und Fritteuse aufbewahrt.

026
LIEBLINGSGERÄTE IMMER GRIFFBEREIT

Beim Kochen und Backen verwende ich ständig Kochlöffel und Spatel aus Holz. Ich mag sie, weil sie haltbar und naturbelassen sind, und ich bewahre sie in einem alten Tontopf auf der Arbeitsfläche auf. Auch andere Lieblingsgeräte wie Schneebesen und Pfannenwender befinden sich in Reichweite. Weil ich sie so oft benutze, lohnt es sich, sie direkt auf der Arbeitsfläche stehen zu haben. Bewahren Sie Ihre Lieblingsgeräte in einem netten Blumentopf oder einer Retro-Keksdose auf. Das verleiht Ihrer Küche eine individuelle Note.

027
TÖPFE UND PFANNEN LAGERN

Töpfe und Pfannen sind unverzichtbar und fast jeder hat dafür einen speziellen Bereich (siehe Nr. 011). Irgendwie entstehen daraus aber immer wackelige Stapel ganz hinten im Schrank. So gewinnen Sie wieder die Oberhand:

ALLES PRÜFEN Holen Sie jeden Topf und jede Pfanne heraus – auch Woks, Bräter, Suppentöpfe und Bratpfannen. Wägen Sie den Nutzen jedes Gefäßes ab. Sieht eines zwar toll aus, wird aber nie verwendet, verschenken Sie es. Ist es angebrannt, stark zerkratzt (bei beschichteten Pfannen)

oder besteht es aus Aluminium, werfen Sie es weg. Sie brauchen nur Pfannen aus unbedenklichen, hochwertigen Materialien.

AUFBEWAHREN Vielleicht sollten Sie ein Fach unter dem Herd durch tiefe Schubladen ersetzen. Die Pfannen säuberlich darin stapeln, ähnliche zusammen. Praktisch für Töpfe sind auch Hängeleisten oder Stecktafeln. Die Deckel können in einer flachen Schublade aufbewahrt werden.

028
UMWELTSCHONENDE REINIGUNGSMITTEL

Wissen Sie, wie vielen Chemikalien Sie ausgesetzt sind? Wie wäre es mit gesünderen Alternativen? Ein umweltbewusster Lebensstil braucht etwas Eingewöhnungszeit, aber schon viele kleine Veränderungen haben eine große Wirkung. Sie verbessern die Gesundheit Ihrer Familie und schützen vor Krankheiten durch schädliche und künstliche Chemikalien. Einige Ideen für den Anfang:

NATRON Alles, was geschrubbt werden muss, kann mit Natron und Muskelschmalz gesäubert werden. Natron ist preiswert, natürlich und wirkungsvoll.

ÄTHERISCHE ÖLE Statt Putzmittel mit künstlichen Duftstoffen kann man ätherische Öle verwenden. Diese verbreiten nicht nur einen angenehmen Duft, sondern reinigen auch wirksam und beseitigen schlechte Gerüche. Synthetische Duftstoffe enthalten gesundheitsschädliche Neurotoxine, Phthalate, Allergene und Sensibilisatoren.

WIEDERVERWENDEN Um „grün" zu putzen, sollte man keine – oder zumindest weniger – Papiertücher verwenden. Lieber einige Mikrofasertücher kaufen und unter der Spüle griffbereit lagern. Umweltfreundliche Handschuhe schützen Ihre Hände. Darauf achten, dass die Handschuhe wiederverwendbar sind.

Viel Spaß beim umweltfreundlichen Saubermachen!

UNGIFTIGE SPÜL- UND PUTZMITTEL KAUFEN Es gibt viele Arten, umweltschonend das Geschirr zu spülen. Wer eine Spülmaschine besitzt, sollte sie auch verwenden, da dabei weniger Wasser verbraucht wird als beim Spülen mit der Hand. Ebenfalls zu vermeiden sind synthetische Farb- und Duftstoffe; zu empfehlen sind hingegen phosphatfreie Seifen.

029
DEN BACKOFEN MIT NATRON REINIGEN

Das Verwenden herkömmlicher Backofenreiniger gehört zu den giftigsten Aktivitäten im Haushalt. In den meisten Familien ist der Backofen mit den Ablagerungen einiger Jahre verkrustet. Aber mit etwas Muskelschmalz und Natron benötigt man zum Entfernen keine schädlichen Produkte.

SCHRITT EINS Mit dem Staubsauger Krümel heraussaugen.

SCHRITT ZWEI Den ganzen Ofen dick mit Natron einstäuben. Der Ofen muss dafür selbstverständlich abgekühlt sein.

SCHRITT DREI Das Natron mit Wasser aus einer Sprühflasche befeuchten. Die Mischung aus Natron und Wasser zersetzt Fett und Schmutz. Mit einem Schwamm kann man die Mischung dann im gesamten Ofen verteilen.

SCHRITT VIER Das trocknende Natron in den nächsten zwei Stunden immer wieder neu befeuchten.

SCHRITT FÜNF Das Natron mitsamt dem Fett und den Essensresten aus dem Ofen kratzen.

SCHRITT SECHS Den Ofen mit dem Wasser einsprühen und mit einem Schwamm gründlich auswischen.

Eine Dunstabzugs-
haube hilft, die Küche
schmierfrei zu halten.
Als Dank dafür sollte man
die Haube regelmäßig
abwischen.

Mehr vertikalen Stauraum erhält man durch den Einbau von Küchenschränken, die bis an die Decke reichen.

030

ORDNUNG UNTER DER SPÜLE

Der Platz unter der Spüle ist heiß begehrt (besonders, wenn ihn noch ein Müllschlucker oder die Rohre der Spülmaschine verringern), darum nutzt man am besten jeden Winkel zur Aufbewahrung von Putzzeug. Ich liebe mein ordentliches Fach, das nicht immer so war. Früher fiel mir der Kram schon beim Öffnen der Tür entgegen. Diese Zeiten sind vorbei. Und so klappt es auch bei Ihnen:

AUSSTATTUNG Sehen Sie sich vor dem Ordnen und Reinigen die Aufteilung des leeren Fachs an. Bestimmt lässt sich mit etwas preiswertem Zubehör noch mehr daraus machen. Ich habe Türen mit eingebauten Hängefächern, aber ein Drahtregal, das man über die Schranktür hängen kann, tut es auch. Praktisch sind auch stapelbare Behälter und Ablagefächer. Ich bin ein großer Fan von Klebehaken, da man dafür keine Löcher bohren muss.

Außerdem halten sie ziemlich gut. Darauf hängen dann meine Spülhandschuhe, eine Scheuerbürste, ein Abzieher, ein Fusselroller und einige andere Gegenstände, die ich immer gut erreichbar aufbewahrt haben möchte.

ORDNEN UND AUSMISTEN Haben Sie alles besorgt, geht es ans Ausmisten. Alles aus den Fächern räumen und in Kategorien einteilen (Schwämme und Tücher, Spülmittel, Putzmittel usw.). Was nicht benötigt wird, fliegt

raus – auch doppelte Flaschen und Behälter, die ohnehin fast leer sind. Ersetzen Sie schädliche Chemikalien durch natürliche Reiniger (siehe Nr. 028). Informieren Sie sich vor dem Wegwerfen von Putzmitteln, wie man sie am umweltfreundlichsten entsorgt.

SAUBERMACHEN Den ganzen Bereich gründlich einsprühen und auswischen. Wenn alles trocken ist, den Boden mit Kontaktpapier auslegen. Bei den Klebehaken darauf achten, wie lange sie trocknen müssen, bevor man etwas an sie hängt.

EINRÄUMEN Sortieren Sie nun Ihr ganzes Putzzeug in die vorbereiteten Behälter und räumen Sie alles ordentlich ein. Ich verwende einen Stiftehalter für meine Kerzen, und Plastikbehälter für Scheuerbürsten, Mikrofasertücher und Handseife. Geschirrspültabs oder -pulver am besten in einem luftdichten Behälter lagern. Ich bewahre auch mein Abtropfgestell unter der Spüle auf, sodass es bei Bedarf sofort einsatzbereit ist.

031

EINE SPÜLE, DIE STRAHLT

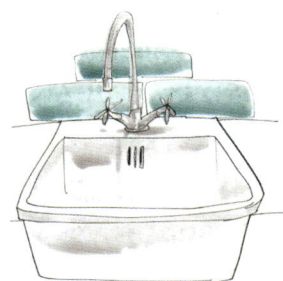

Nun haben wir alles geputzt und aufgeräumt – bis auf die Spüle. Das tägliche Reinigen der Küchenspüle kostet mich viel Überwindung, aber ein einfach anzuwendender Reiniger hilft (siehe Nr. 004). Besonders effektiv finde ich mein wöchentliches Programm. Die folgenden Schritte machen auch Ihre Spüle glücklich:

SCHRITT EINS Das Becken gründlich ausspülen. Weg mit Essensresten und Schmutz!

SCHRITT ZWEI Ordentlich mit Scheuerpaste behandeln. Paste oder Milch wirkt besser als Scheuerpulver,

da keine Staubwolken entstehen und das Mittel gut an den Beckenwänden haften bleibt. Man kann so eine Paste auch selbst machen: aus ½ Tasse Natron, einem Teelöffel Flüssigseife und etwas Wasser, damit die Mischung pastös wird.

SCHRITT DREI Alles gut schrubben und gründlich abspülen.

SCHRITT VIER Die Spüle mit einem natürlichen Reinigungsspray einsprühen und erneut ausspülen. Zuletzt mit einem weichen Tuch trocknen und die strahlende Spüle genießen.

032
SCHUBLADENKRAM SORTIEREN

Eine „Allzweck"-Schublade findet sich wohl in jeder Küche. Sie dient zur Aufbewahrung von Kleinkram, der keinen bestimmten Platz hat. Kein Wunder, dass hier oft das reine Chaos herrscht. Nehmen Sie sich ein paar Minuten zum Aussortieren der Schublade Zeit und werfen Sie alles weg, das nicht (mehr) benutzt wird. Vermutlich ist der Großteil des Inhalts entbehrlich. Wer braucht schon eine einzelne Schraube oder zehn gleiche Inbusschlüssel?

Wenn Sie alles ausgemistet haben, leeren Sie die Lade komplett und wischen Sie sie aus. Sortieren Sie die verschiedenen Gegenstände in einige Behälter (zum Beispiel in Schmuck-kartons oder stabile Plastikdosen – die Sie vielleicht sogar in dieser Schublade angesammelt haben). Da der Müll entfernt wurde, kann der restliche Kram übersichtlich geord-net werden und auch so bleiben. Nehmen Sie sich jeden Monat ein paar Minuten Zeit, um die Schublade neu aufzuräumen.

033

MEHR PLATZ IN EINER KLEINEN KÜCHE

In einer kleinen Küche zählt jeder freie Fleck: Überlegen Sie bei allen Wänden und Flächen, wie man sie nutzen könnte. Egal, ob Sie Mieter, Eigentümer oder Minihaus-Besitzer sind, mit den folgenden Ideen holen Sie das Maximum an Platz heraus.

REGALE Möglichst viele Regale für Vorräte anbringen. Behälter mit ansehnlicher Verpackung dürfen sichtbar herumstehen und sehen dabei nicht wie Müll aus. Wichtig ist nur, dass die Regale nicht unordentlich oder staubig sind. Aufsätze oder zusätzliche Regalböden in den Schränken sind ideal für kleinere, stapelbare Gegenstände, wie etwa Konservendo-

sen. In Hängeracks in den Türen sind Gewürze, Tee und anderer Kleinkram praktisch verstaut.

ABHÄNGEN Hängende Körbe fassen Früchte, Knoblauch und anderes, das sonst die Arbeitsflächen belagern würde.

GEHEIMVERSTECKE Aus manchen dekorativen Elementen lassen sich richtige Fächer machen. Die falsche Schublade unter den meisten Spülen kann durch ein ausklappbares Fach für Schwämme und Topfreiniger ersetzt werden. Es gibt sogar Küchenkästen, die unter den üblichen Fächern noch Schubladen auf Zehenhöhe haben. Niemand wird ahnen, dass sich genau dort das Versteck Ihrer Muffinformen befindet.

VORRATSSCHRANK Wenn Sie keine Speisekammer haben, lohnt sich die Anschaffung eines Vorratsschranks (dafür eignet sich auch ein alter Kleiderschrank oder eine Kommode, neu lackiert oder bemalt). Stellen Sie ihn gut zugänglich auf und schaffen Sie Platz in den Küchenschränken.

034

MEHR FLÄCHEN

Einer der größten Nachteile kleiner Küchen ist der Mangel an Arbeitsfläche. Die Aufbewahrungslösungen aus Nr. 33 sorgen für mehr Platz auf den Flächen, von denen es in einem kleinen Raum jedoch nur wenige gibt. Hier sind ein paar Tipps, um das Beste daraus zu machen.

INSELN In einem winzigen Raum ist kein Platz für eine richtige Kücheninsel, aber ein Beistelltisch oder Küchenwagen bietet eine weitere Arbeitsfläche und oft noch mehrere Regalböden als zusätzlichen Stauraum.

BONUSBRETT In manchen Küchen befindet sich unterhalb der Arbeitsfläche ein herausziehbares Schneidebrett, das nach Gebrauch wieder hineingeschoben wird. Man kann so etwas auch nachträglich einbauen lassen. Es lohnt sich!

KLAPPTISCH Vielleicht haben Sie schon von Leuten gehört, die ein herunterklappbares Wand-Bügelbrett als Esstisch nutzen. Praktikabler ist ein herunterklappbarer Tisch, der wahlweise als Arbeitsfläche oder Esstisch dienen kann.

ORDNUNG HALTEN Wer eine kleine Küche hat, wird es bestätigen: Den meisten Platz schafft man durch Ordnung. In einer größeren Küche ist ein Stapel Teller auf der Arbeitsfläche zwar unansehnlich, schränkt den Spielraum aber nur unwesentlich ein. Ist der Platz ohnehin schon knapp, belegen die Teller vielleicht die einzige Arbeitsfläche. Sorgen Sie stets für Ordnung und Sauberkeit, damit Ihre Küche benutzerfreundlich bleibt.

036

HOCH HINAUS

Selbst in den winzigsten Küchen gibt es meist noch ungenutzten Platz an der Wand oder in den Regalen. Lesen Sie die folgenden Tipps und schauen Sie nach oben. Und nach unten.

☐ Töpfe und Pfannen aufhängen. Für Kochutensilien ein Steckbrett an der Wand anbringen.

☐ Eine kleine Mikrowelle an der Wand oder in einem Fach macht Arbeitsfläche frei.

☐ Tassen können an Haken an der Unterseite eines Regals aufgehängt werden – ein platzsparender Blickfang!

☐ An der Unterseite von Regalen und Hängeschränken Schraubgläser anbringen. Wenn man den Inhalt benötigt, einfach abschrauben und nach Verwendung wieder in den Deckel schrauben.

☐ Ein Magnetstreifen für Messer nutzt einen leeren Platz an der Wand sinnvoll aus.

☐ Sämtlichen Platz mit hohen, schmalen Regalen auffüllen. Auch wenn zwischen Kühlschrank und Wand nur ein paar Kochbücher passen – diese Bücher nehmen dafür nirgendwo sonst Platz weg.

☐ Auf dem Kühlschrank kann man mit Körben oder Regalaufsätzen den Platz noch erweitern.

☐ Reichen die Hängeschränke nicht ganz bis zur Decke, kann man darauf in Körben und Behältern selten verwendete Gegenstände verstauen.

035

PLATZ FÜR MÜLL

Das Sammeln von Müll ist in einer kleinen Küche eine große Herausforderung, vor allem, wenn man den Müll auch noch zwischen Recycling-, Rest- und Biomüll trennt. Der Platz reicht kaum für einen Mülleimer, geschweige denn für drei. Und die stehen oft im Weg und sehen alles andere als ästhetisch aus.

Praktisch sind herausziehbare Eimer unter der Spüle. Solche Mülleimersysteme gibt es im Baumarkt für unter 100 Euro. Sie sind einfach anzubringen und bestehen im Wesentlichen aus einer Metallhalterung und zwei bis vier Behältern. Die Halterung wird im Fach unter der Spüle angeschraubt. Die Eimer können nach Bedarf einzeln hinein- und herausgeschoben werden. Zusätzlich hält so ein System Haustiere und Kleinkinder davon ab, mit dem Müll zu spielen.

WOCHE 1
DIE KÜCHEN-
Aufgabe

DIE KÜCHE IST DER ANGELPUNKT des Zuhauses. Hier landet jeder irgendwann im Lauf des Tages und auch die Unordnung entsteht hier schnell. Eine gut organisierte Küche ist das beste Mittel gegen das Chaos. Bevor Sie die Küchentipps aus diesem Buch anwenden, räumen Sie alles aus und beginnen Sie bei Null. In den folgenden sieben Tagen bringen Sie Ihre Küche auf Vordermann und verlieben sich hoffentlich ganz neu in sie. Teilen Sie sich die Zeit gut ein und fangen Sie nichts an, was Sie nicht innerhalb einer Woche fertigstellen können. Die Speisekammer ist diese Woche noch nicht an der Reihe, kommt aber als Nächstes dran.

Ideal wäre es, alles komplett neu zu ordnen. Dazu leeren Sie alle Fächer und Schubladen in der Küche. Bestellen Sie einen Babysitter, schlüpfen Sie in bequeme Klamotten und drehen Sie die Musik lauter. Jetzt wird Ordnung gemacht!

ARBEITSABLAUF

1. VORBEREITEN
Den Küchentisch abräumen. Er wird beim Neuordnen als Müllablage und Zwischenlager für die Gegenstände dienen.

2. SORTIEREN UND AUSMISTEN
Den Inhalt aller Fächer, Schubladen und Küchenschränke auf den Tisch legen, auch aus dem Fach unter der Spüle. Alles nach Kategorien ordnen. (Welche Kategorien das sind, hängt ganz von Ihnen ab.) Alles, was alt, abgelaufen und nicht mehr in Verwendung ist, kommt weg. Ablaufdaten prüfen. So viele Gegenstände wie möglich nach Kategorien in Behälter, Körbe und Schubladeneinsätze sortieren.

3. SAUBERMACHEN
Nun wird die Küche saubergemacht. Alle Schränke und Fliesen mit einem natürlichen Putzmittel abwischen, alle Flächen und Tische freimachen. Schubladen und Regale neu mit Kontaktpapier auslegen. Alle Küchengeräte abwischen, ebenso den Esstisch und die Stühle. Den Boden wischen.

4. ORDNEN
Die täglich benötigten Gegenstände auf die Arbeitsfläche und die Sortierbehälter nach Kategorien geordnet in die Fächer und Schubladen zurückstellen. In Zukunft die Flächen von allen unnützen Gegenständen freihalten. Was man herausholt, wird auch wieder weggeräumt.

5. PLATZ IM KÜHLSCHRANK SCHAFFEN
Zuletzt alles aus dem Kühlschrank und den Tiefkühlfächern nehmen und auf den Tisch legen. Alles wegwerfen, was nicht verwendet und nicht mehr gegessen wird. Alle Fächer auswischen und den Rest wieder ordentlich einräumen. Alles von der Kühlschranktür entfernen – eine bedeckte Oberfläche lässt die Küche unordlich wirken.

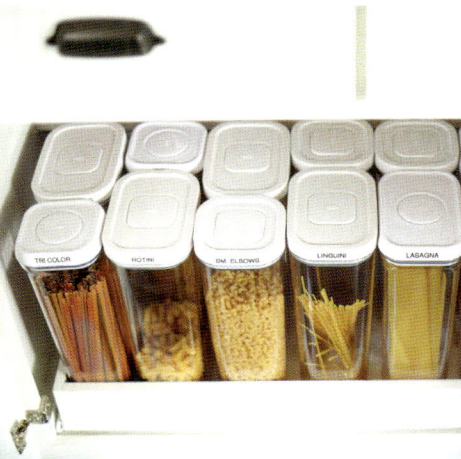

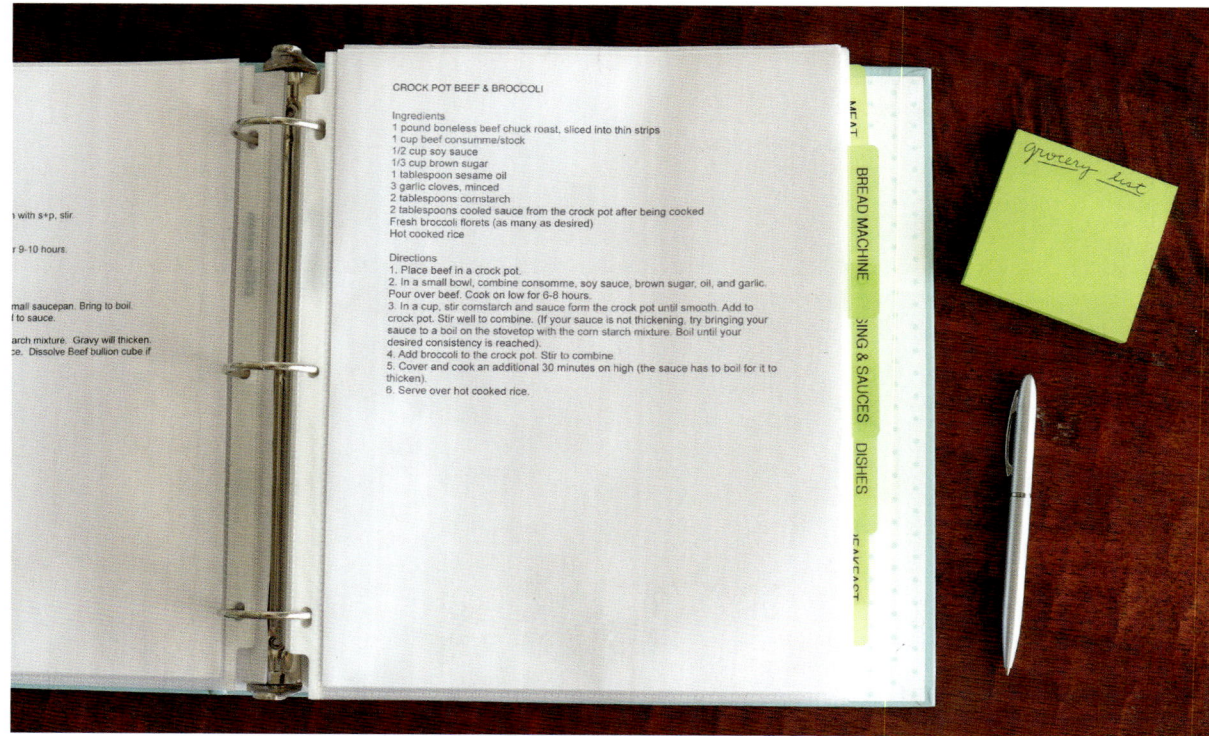

037

EINEN ORDNER FÜR REZEPTE ANLEGEN

Dank des allgegenwärtigen Internets finden Kochbücher heutzutage immer weniger Verwendung. Ein Rezept ist im Nu ausgedruckt und kann bei Bedarf aufbewahrt werden. Der Rezeptordner in meiner Familie ist voller Rezepte, die wir schon seit Jahren lieben. Er ist wie ein Erbstück, mit dessen Rezepten wir die Kinder großgezogen haben und der uns noch viele Jahre Freude machen wird.

So können Sie in etwa 30 Minuten Ihren eigenen Rezeptordner anlegen:

BENÖTIGT WIRD:

☐ ein Aktenordner

☐ Drucker und Papier

☐ Klarsichthüllen

☐ Registerkarten/Trennblätter

☐ Etiketten

☐ Federmappe für Rezeptkärtchen

KATEGORISIEREN Mit Etiketten, Beschriftungsgerät oder am Computer Trennblätter für die Kategorien erstellen. Auf Pappe drucken und zuschneiden. Mögliche Kategorien:

☐ Vorspeisen

☐ Brot

☐ Suppen

☐ Salate

☐ Fleischgerichte

☐ vegetarisch

☐ Schongarer

☐ Frühstück

☐ Desserts

☐ Nudelgerichte

☐ Aufläufe

☐ Festtagsgerichte

☐ Grillen

☐ Säfte/Smoothies

DEN ORDNER ZUSAMMENSTELLEN
Etwa 10 Klarsichthüllen hinter jedes Trennblatt heften. Sammeln Sie darin Ihre Lieblingsrezepte.

TITELSEITE Eine Titelseite für den Ordner entwerfen. Für eine individuelle Note: Familiennamen einbauen.

038 DOSEN PLATZSPAREND STAPELN

Das Ordnen von Dosen war eine Herausforderung für mich. Wir verwenden nicht viele Konserven, aber einiges regelmäßig, wie etwa Tomaten und Bohnen aus der Dose. Die Dosen sollten nicht viel Platz einnehmen, darum bestellte ich online einige Plastikbehälter. Sie waren preiswert und hatten die richtige Größe – die größeren Behälter für mittelgroße und große Dosen, die kleineren für Tomatenmark oder Peperoniwürfel in Dosen.

039 ARZNEIEN UND VITAMINE RICHTIG LAGERN

Arzneien und Vitamine gehören richtig gelagert, was viele leider falsch machen. Extreme Temperaturen – ob heiß oder kalt – sind unbedingt zu vermeiden. Medizin gehört nicht ins Badezimmer. Dort ist es warm und feucht – der ungeeignetste Platz. Ein Küchenschrank mit genügend Abstand zum Herd ist hingegen gut geeignet.

BESCHRIFTEN Behälter besorgen und nach Kategorien beschriften.

- ☐ Arzneimittel für Kinder
- ☐ Fieber- und Schmerzmittel
- ☐ Erste Hilfe (Verband, Wundsalbe, Wunddesinfektionsmittel)
- ☐ Schienen und Stützverbände
- ☐ Augen, Ohren, Nase, Haut
- ☐ Allergien und Insektenstiche
- ☐ Magen-Darm-Mittel
- ☐ Vitamine
- ☐ verschreibungspflichtige Medikamente

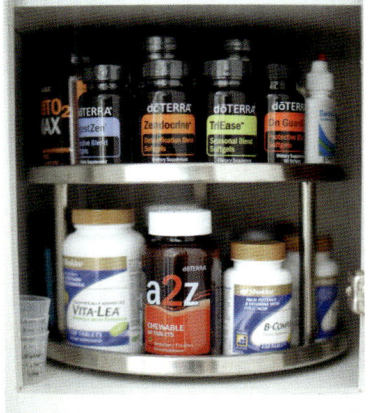

AUSMISTEN Verfallsdatum prüfen und alles Abgelaufene entsorgen. Den Rest in die Behälter ordnen.

LAGERN Vitamine und Arzneien in der Originalverpackung aufbewahren. Einige Substanzen verlieren unter Einfluss von Licht ihre Wirkung, weswegen sie lichtdicht verpackt sind. Vitamine nicht mit anderen Nahrungsergänzungsmitteln mischen.

RICHTIG ENTSORGEN Bevor man abgelaufene Produkte die Toilette hinunterspült, sollte man sich in der Apotheke oder auf der Website des Gesundheitsministeriums informieren, wie man sie richtig entsorgt.

040 DAS „EINZELFACH" VERWENDEN

In vielen Küchen fällt mindestens ein Schrank aus der Reihe, vor allem in Räumen, die nicht rechteckig sind. Die Küche eines alten Hauses wurde vielleicht um Gesindequartiere und Speiseaufzüge gebaut und weist zusätzliche Winkel oder Nischen auf, in die kein Doppelschrank passt. Auch moderne Küchen haben meist ein paar Bereiche für eintürige Schränke, die sich perfekt als Medizinschrank oder für die Aufbewahrung anderer potenziell gefährlicher Substanzen eignen.

Erklären Sie Ihren Kindern, dass das „Einzelfach" nicht für Snacks, sondern nur für Medizin und andere Erwachsenendinge gedacht ist. Das Fach sollte höher gelegen sein (außerhalb der Reichweite von Kleinkindern) und weit genug vom Herd entfernt, um Wärmeeinfluss zu vermeiden (siehe Nr. 39, links). Die ganze Familie weiß so auch, wo alles aufbewahrt wird, das nicht ganz zum Rest der Küche passt.

041

ORDNUNG IN DER SPEISEKAMMER

Ich verbessere die Ordnungssysteme in meinem Zuhause ständig, vor allem, wenn Unordnung magisch angezogen wird, wie etwa in der Speisekammer. Ein System hat versagt, wenn ein Bereich zwei Tage nach dem Aufräumen schon wieder im Chaos versinkt.

Darum probierte ich in meiner Speisekammer mehrere verschiedene Systeme aus, bis ich etwas Passendes fand. Mit einigen Behältern, Körben und Dosen können Sie Ihre Speisekammer in Kategorien unterteilen und den Platz effektiver nutzen. Die Speisekammer rechts wurde von den Profi-Aufräumern auf Vordermann gebracht.

Beginnen Sie mit dem Aufteilen des Platzes und der Gegenstände. Vermutlich haben Sie viele Lebensmittel, die viel Platz belegen. Die folgenden Kategorien halfen mir dabei, diesen Chaosmagneten in meinem Haushalt unter Kontrolle zu bringen.

EINIGE VORRATSKATEGORIEN:

- ☐ Backzubehör
  (falls Sie keinen eigenen Backbereich haben oder brauchen)
- ☐ Schüttgüter (Reis, Bohnen, Nüsse und andere trockene, schüttbare Lebensmittel)
- ☐ Konserven
- ☐ Nudeln und Nudelsaucen
- ☐ Schokolade und Süßes
- ☐ verpackte Lebensmittel
- ☐ Snacks

042 AUFBEWAHRUNG FÜR KONSERVENDOSEN

Eine weitere Möglichkeit zur Aufbewahrung von Dosen mit Suppen, Saucen, Obst, Gemüse und anderen haltbaren Lebensmitteln sind an der Wand befestigte Drahtkörbe oder ein Einhängeregal für die Tür (siehe Nr. 043). Solche Regale sind normalerweise für Kleiderschränke statt für Speisekammern gedacht, haben aber oft die perfekte Größe für Dosen. Außerdem sind sie ganz schön stabil und halten dem Gewicht der Konserven stand.

043

DIE TÜREN NUTZEN

An der Innenseite von Türen befindet sich wertvoller Platz. Hängeregale dafür gibt es im Möbelhaus oder online. Sie eignen sich besonders für die Aufbewahrung von Saucenflaschen und häufig verwendeten Konserven.

044 INVENTUR MACHEN

Machen Sie beim Aufräumen auch eine Bestandsaufnahme Ihrer Lebensmittel auf einer Inventurliste. Ich bewahre meine Listen auf einem Klemmbrett an der Wand der Speisekammer auf. So wird das Einkaufen zum Kinderspiel!

045

PRAKTISCHE AUFBEWAHRUNG

Es gibt mehrere Möglichkeiten, die Lebensmittel zu ordnen, etwa in transparenten Behältern, Körben oder Plastikdosen. Ich verwende verschiedene Arten von Behältern.

TRANSPARENTE BEHÄLTER

Durchsichtige Behälter sind ideal für Nudeln und Getreide. Direkt nach dem Einkaufen fülle ich alle Nudeln aus ihren Verpackungen in die Behälter. Pappverpackungen überladen den Platz; transparente Behälter sorgen bei uns für mehr Ordnung.

KÖRBE

Richtig eingesetzt sind Weidenkörbe ein effektives Ordnungssystem für die Speisekammer. Ich empfehle sie jedoch nicht uneingeschränkt. Sie sehen hübsch aus, aber große Körbe sind in vollem Zustand unübersichtlich. Für verpackte Lebensmittel, Knabbergebäck, Aufbackbrötchen, große Mengen desselben Produkts oder Dosen eignen sie sich jedoch perfekt.

PLASTIKBEHÄLTER

In bunten Plastikeimern kann man zum Beispiel Tupperdosen und ihre Deckel aufbewahren. Verschiedene Kategorien kann man mit unterschiedlichen Farben kennzeichnen, sodass das tägliche Ordnunghalten zum Kinderspiel wird.

Toni sagt

Becky Barnfather wird Sie motivieren und inspirieren, damit auch Ihr Zuhause mehr Aufmerksamkeit erhält. Zu finden auf: organizingmadefun.com.

BECKY, **ORGANIZING MADE FUN**

99 Als wir in unser Haus zogen, freute ich mich riesig über die kleine Speisekammer. Der Vorbesitzer hatte dort nur Geschirr aufbewahrt und in dem unstrukturierten Raum herrschte bald eine ziemliche Unordnung. Im Laufe der Jahre versuchte ich, den Raum anders aufzuteilen und die Ordnung zu bewahren. Aber wie ich ihn auch aufteilte, ich hatte noch immer keine Übersicht über die Vorräte, alles sah chaotisch aus und der Rest der Familie legte nichts an die dafür vorgesehenen Plätze zurück.

Schließlich kaufte ich große Weckgläser, transparente Dosen und weiße Behälter. Für jedes trockene Lebensmittel suchte ich nach Behältern, die den gesamten Inhalt der jeweiligen Verpackung fassten, damit ich nicht noch etwas davon separat lagern musste. Jetzt kann ich einen Blick in die Speisekammer werfen und sehe sofort, wie viel sich noch in jedem Behälter befindet. Und dank der wiederbeschreibbaren Tafel-Etiketten weiß nun auch jeder, wo alles hingehört.

Eine goldfarbene, gemusterte Tapete fällt als kräftiger Kontrast ins Auge. Die schwarz-weiße Farbkombination sieht sauber und ordentlich aus – auch wenn mal nicht alles perfekt ist – und hebt die Lebensmittel in ihren transparenten Behältern hervor. **66**

VORHER

046
SNACKS FÜR UNTERWEGS

Ob fürs Büro, für einen Ausflug in den Park mit den Kindern oder wenn Sie den ganzen Tag unterwegs sind – Snacks sind unerlässlich. Um dem Hunger jederzeit Paroli zu bieten, benötigen Sie einen guten Schlachtplan.

GESUND ESSEN Gesunde Snacks regen den Stoffwechsel an und machen nicht zu satt für die regulären Mahlzeiten. Überlegen Sie sich schon vor Ihrem Wocheneinkauf ein paar gesunde Snackvarianten für sich und Ihre Familie. Kaufen Sie verschiedene Lebensmittel, die man gerne zwischendurch isst, und machen Sie sie in Ihrer neuen Küchenordnung für alle gut zugänglich.

VORAUSPLANEN Nehmen Sie sich einmal die Woche Zeit, um die Snacks zu portionieren und zu verpacken. Lagern Sie die Snacks in wiederverwendbaren Behältern. Am besten bereiten Sie alles auf einmal vor. Gewaschene, fertige Portionen sorgen dafür, dass Obst und Gemüse nicht im Kühlschrank oder im Obstkorb verschimmeln, bevor jemand daran denkt, sie zu essen. Und wenn der kleine Hunger kommt, genügt ein Griff in den Kühlschrank.

SNACKVERSTECK Damit allzeit ein gesunder Snack bereitliegt, muss er da sein, wo Sie ihn brauchen: etwa im Auto, in der Handtasche, in der Schreibtischschublade, im Kühlschrank oder wo auch immer Sie einen griffbereiten Appetithappen benötigen.

KREATIV KOMBINIEREN Sorgen Sie für Abwechslung bei Ihren Snacks und auch für etwas Süßes. Ein Stück Zartbitterschokolade und ein heißer Tee an einem kühlen Nachmittag sind ein Genuss – und verderben nicht den Appetit, wie es eine Tüte Chips und eine Limo tun würden.

EINE SNACKLISTE FÜHREN Snacks müssen nicht bunt verpackt sein, um lecker zu sein. Denken Sie etwa an:

- ☐ Nüsse (alle Arten)
- ☐ Trockenfrüchte
- ☐ frisches Obst oder Gemüse mit Dips
- ☐ Joghurt oder Käse
- ☐ dunkle Schokolade
- ☐ Popcorn aus der Heißluftmaschine
- ☐ gesunde Cracker oder Chips
- ☐ Müsli- oder Proteinriegel

047
EIN BEREICH FÜRS PAUSENBROT

Das Bereiten des Pausenbrots ist purer Stress, wenn alle Bestandteile an verschiedenen Plätzen in der Küche verstreut sind. Ein spezieller Bereich für alles, was man benötigt, sorgt für einen entspannteren Ablauf am Morgen – und Ihre Kinder können dabei helfen.

SCHRITT EINS Eine Schublade oder ein Regal mit ausreichend Platz dafür bestimmen. Ein kleines Schneidebrett gehört in Reichweite.

SCHRITT ZWEI Kleinere Behälter helfen beim Unterteilen von Frischhaltebeuteln, Besteck, Alufolie, Tupperware und anderem Zubehör. Servietten und Feuchttücher nicht vergessen!

SCHRITT DREI Brotdosen aus Plastik durch weiche Lunchtaschen (am besten isoliert) ersetzen, um Platz zu sparen.

048

MAHLZEITEN IM VORAUS PLANEN

Sie ahnen die bekannte Frage schon, bevor sie gestellt wird: „Was gibt's zu Essen?" Um nicht ohne Essen dazustehen oder auf Fast Food zurückgreifen zu müssen, ist gute Planung unbedingt erforderlich.

SCHRITT EINS Einen Abend in der Woche der Menüplanung widmen. Zusammen mit den Kindern macht es mehr Spaß. Gegebenenfalls das Schulessen berücksichtigen, damit es zu Hause nicht das Gleiche gibt.

SCHRITT ZWEI Den Zeitplan der Familie berücksichtigen, um zu wissen, wann alle zu Hause sind, wann ein schnelles Abendessen benötigt wird und wann Zeit für ein längeres Mahl ist.

SCHRITT DREI Die Zeit realistisch einteilen. Unter der Woche will man ein nahrhaftes, aber schnelles Abendessen, am Wochenende ist Zeit für den Schongarer, eine lange köchelnde Tomatensauce oder einen Grillabend.

SCHRITT VIER Das Essen auf die heikelsten Esser abstimmen. Man muss nicht jeden Tag etwas anderes kochen. Es genügt, etwa 20 bewährte Rezepte abzuwechseln und hin und wieder etwas Neues auszuprobieren (siehe Schritt sechs).

SCHRITT FÜNF Den Schwerpunkt auf die Hauptzutat legen und die Beilagen darauf abstimmen. Maisreste vom Vortag etwa können als leckere Schicht in einem Auflauf dienen.

SCHRITT SECHS Mindestens einmal im Monat ein neues Rezept ausprobieren. Das erweitert das Repertoire und den kulinarischen Horizont (auch jenen der heiklen Esser). Vielleicht entdecken Sie ein neues Standardgericht.

SCHRITT SIEBEN Durch die Werbeprospekte blättern. Lassen Sie sich von den Angeboten inspirieren.

SCHRITT ACHT Nachschauen, was noch an Vorräten vorhanden ist und was bald verbraucht gehört. Den Speiseplan dementsprechend planen.

049

EFFEKTIV EINKAUFEN

Das Organisieren wird auf alle Bereiche Ihres Lebens abfärben. Selbst das routinemäßige Einkaufen geht mit einer durchdachten Einkaufsliste noch schneller und einfacher. Wenn Sie ohnehin einen regelmäßigen Einkaufsrhythmus haben, optimieren Sie ihn durch eine Einkaufsliste auf Basis Ihres Küchenbestands. Mit den folgenden Tipps wird eine lästige Pflicht zum Kinderspiel.

EINE LISTE FÜHREN Stets mit einer Grundliste beginnen, auf der steht, was jede Woche benötigt wird. Speichern Sie diese Liste auf dem Computer, bewahren Sie einige Ausdrucke davon in der Küche auf und ergänzen Sie den restlichen Bedarf.

PLATZ SCHAFFEN Kühlschrank und Vorratsbereiche aufräumen, zu alte Reste entsorgen und Platz für Neues schaffen. Den Bestand aufnehmen und entscheiden, welche Lebensmittel Sie einkaufen möchten.

DIE LISTE FERTIGSTELLEN Die Wochenliste konsultieren und benötigte Lebensmittel dazuschreiben.

AUFDATIEREN Gekauftes auf der Liste abhaken. Durchstreichen, was von den Grundnahrungsmitteln diese Woche nicht benötigt wird.

MENGENLISTE Führen Sie eine eigene Liste für Waren, die Sie in großen Mengen kaufen, wie Papierprodukte, Tiefkühlkost und Vitamine.

Profitipp

AUFTAUEN

Für schnelleres Aufwärmen einfach Gefriergut schon am Vorabend aus dem Tiefkühlfach in den Kühlschrank legen, dann im Ofen erhitzen. Ist der Kern noch gefroren, weitere 10–15 Minuten erwärmen.

Die besten Öle und Essige sind für besondere Menüs und müssen nicht bei den täglich verwendeten Würzmitteln aufbewahrt werden.

050 MEHR ABWECHSLUNG MIT THEMENMENÜS

Ein Themenmenü verleiht dem Abend mehr Würze und ist eine gute Gelegenheit, neue Geschmäcker auszuprobieren und sich mit anderen Kulturen zu beschäftigen. Ein besonderes Erlebnis wird der Abend mit passender Musik und Dekoration.

THEMA	MENÜ	GETRÄNKE	ATMOSPHÄRE
Italien	Caprese (Tomaten, Basilikum, frischer Mozzarella), ein Nudelgericht – etwa Spaghetti bolognese – und als Dessert ein Tiramisu	Rotwein, Negronis oder Prosecco	Den Soundtrack zu *Der Pate* oder italienische Opernmusik auflegen.
Japan	Miso-Suppe, Edamame mit frischem Knoblauch, Thunfischmaki und Teriyaki-Huhn mit Reis. Als Dessert empfiehlt sich Grüntee-Eis.	Sake, grüner Tee oder japanisches Bier	Im Wohnzimmer auf Kissen um den Couchtisch sitzend essen.
Mexiko	Tacos gefüllt mit Rinderhack, Hühnerstreifen und verschiedenen anderen Zutaten. Als Nachspeise: Flan.	Mexikanisches Bier oder Margaritas	Passende Musik: Latin Jazz oder mexikanische Mariachi-Musik
Südstaaten-BBQ	Schweinerippchen und gegrilltes Huhn mit Maisbrot, schwarzen Bohnen und als Dessert ein Pfirsichauflauf	Selbstgemachte Zitronenlimonade oder Eistee	Im Freien essen, mit karierten Stoffservietten und Tischtüchern.
Frankreich	Friséesalat mit gebratenen Speckwürfeln und pochierten Eiern, Ingwer-Karotten-Suppe mit Baguette und ein frisches Sorbet als Dessert.	Gekühlter französischer Weißwein	„La Vie en Rose" von Edith Piaf
spanische Tapas	Grüne Oliven und Manchego, Paella (Ihr bevorzugtes Rezept) und als Nachtisch Kokoseis	Rum-Cocktails mit Minzzweigen	Die Tapas auf kleinen Beilagentellern servieren.

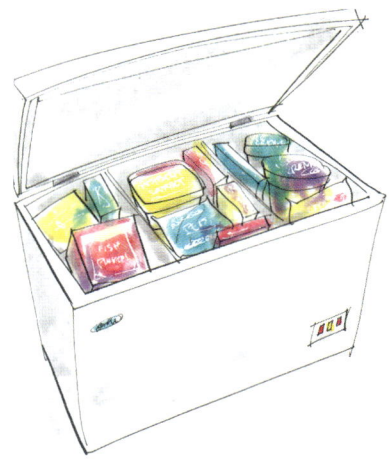

051 TIEFKÜHLTRUHE NUTZEN

Wer viel unterwegs ist und vielleicht auch noch Kinder hat, sollte sich die Gefriertruhe zum Freund machen. Suppen, Beilagen und Desserts können einfach in größeren Mengen zubereitet und bis zur Verwendung eingefroren werden.

SUPPEN Brühen oder Suppen bis zu zwei Wochen im Voraus machen und in Halbliter-Behältern lagern – für einfaches, portionsweises Auftauen.

BACKWAREN Die Tiefkühltruhe mit Muffins, Pfannkuchen, Brötchen, Croissants, Waffeln und anderen Backwaren füllen. Für ein leckeres Frühstück sind sie schnell aufgebacken.

RESTE Doppelt so viel kochen und die Reste in Einzelportionen einfrieren. Wenn es mal schnell gehen soll, einfach in der Mikrowelle erwärmen.

WOCHE 2
DIE SPEISEKAMMER-
Aufgabe

Letzte Woche eroberten wir uns die Küche zurück, diese Woche krempeln wir die Ärmel hoch und rücken der Speisekammer zu Leibe. Der Arbeitsaufwand ist diesmal geringer: Nach der harten Arbeit an der Küche haben Sie eine Pause verdient!

Was Sie außerdem noch verdienen, ist eine aufgeräumte Speisekammer. Die Schritte rechts werden Sie zu diesem Ziel führen. Die Speisekammer jedes Haushalts ist anders, passen Sie die Schritte daher an Ihre Bedürfnisse an. Wenn Sie keine eigene Speisekammer haben, können Sie mithilfe der Tipps auch Ihren Vorratschrank, Ihre Lagerregale oder Ähnliches ordnen.

ARBEITSABLAUF

1. PLANEN
Bevor Sie loslegen, sorgen Sie für genügend Behälter und Vorratsdosen (ich mag die Behälter von OXO). Die Behälter sind sehr hilfreich, aber wenn Sie noch keine haben und dennoch schon anfangen wollen, können Sie die ganzen Vorräte auch auf dem Küchentisch sortieren.

2. VORBEREITEN
Stellen Sie die leeren Behälter, Körbe und Dosen auf dem Küchentisch auf oder machen Sie auf der Fläche Platz für neue Stapel.

3. AUSMISTEN
Räumen Sie alles aus der Speisekammer. Prüfen Sie überall das Ablaufdatum und werfen Sie Abgelaufenes weg, ebenso offene Verpackungen von Lebensmitteln, die Sie nicht mehr verwenden. Was Sie nicht mehr verwenden, aber noch originalverpackt ist, kann verschenkt oder gespendet werden.

4. SORTIEREN
Ähnliche Lebensmittel in die Körbe auf dem Tisch legen (wenn Sie keine Körbe verwenden, nach Kategorien sortieren). Das Sortieren der Lebensmittel in Behälter lässt die Speisekammer hübsch und ordentlich aussehen. Welche Kategorien Sie verwenden, sei Ihnen überlassen. Einige Möglichkeiten: Schule, Frühstück, Nudeln, Backen, Saucen, Brot, Snacks, Beilagen usw. Schüttgüter in Tüten und Kartons können auch in transparente Vorratsdosen oder Einmachgläser umgefüllt werden.

5. SAUBERMACHEN
Wenn alles kategorisiert ist, wischen Sie die Speisekammer aus. Den Boden kehren und aufwischen. Schließlich soll alles richtig sauber sein, bevor die Lebensmittel eingeräumt werden.

6. BESCHRIFTEN
Beschriften Sie jeden Behälter mit einer Etikettiermaschine oder befestigen Sie Täfelchen an den Körben, Dosen oder direkt an den jeweiligen Regalen.

7. ORDENTLICH EINRÄUMEN
Stellen Sie alle fein säuberlich sortierten Behälter an ihre Plätze. Freuen Sie sich über Ihre effiziente und gut organisierte Speisekammer.

Extras

Pasta

Pasta

Crackers

Spaghetti

Sides

3

Spaghetti

Sides

Tomato Sauce

Whole Tomatoes

Oatmeal

052
DAS ESSZIMMER EINRICHTEN

Im Esszimmer bewirten wir unsere Gäste. Dieser Raum zeigt auch unseren persönlichen Stil. Ob zeitlos, modern oder retro – die richtigen Möbel und die dazu passende Dekoration sorgen für eine authentische Atmosphäre. Beim Design des Esszimmers sind sechs Hauptelemente zu beachten:

A. TISCH Der Esstisch ist das Herzstück des Esszimmers. Die Größe soll zum Raum passen. In einem kleinen Raum reicht für den Alltag ein kleinerer Tisch, aber mit einer ausziehbaren Erweiterung oder einer Klappe kann man ihn bei Diners oder Büffets für mehr Gäste vergrößern.

B. STÜHLE Wie viele Stühle besitzen Sie? Je nach Familie sollten sechs Stühle am Tisch und zwei weitere daneben ausreichen. Wenn keine Gäste da sind, können Sie je einen Stuhl an beide Seiten des Geschirrschranks stellen. Die Stühle müssen nicht unbedingt zum Tisch passen. Seien Sie kreativ. Vielleicht mögen Sie lieber einen weißen Tisch mit dunklen Stühlen oder unterschiedliche antike Stühle für einen eklektischen Look.

C. WANDSCHMUCK Dekorieren Sie die Wände passend zu Ihrem Stil. Ein alter Fensterrahmen, in dem ein Buchsbaumkranz hängt, sorgt für Vintage-Flair, während eine Wand mit gerahmten Erinnerungsfotos oder einem alten Gemälde ein zeitloser Klassiker ist.

D. FENSTER Jalousien, Gardinen, Vorhänge oder gar nichts? Passen Sie die Fenster Ihren Bedürfnissen an, aber vergessen Sie vor dem Einkaufen nicht, alles auszumessen. Falls Sie sich für Vorhänge entscheiden: Je höher sich die Vorhangstangen befinden, desto höher erscheinen Decke und Fenster. Mit diesem Trick kann man kleine Fenster größer wirken lassen, indem man die Vorhänge über die umliegende Wand hängen lässt.

E. TAFELSCHMUCK Ein dekorativer Blickfang verleiht dem Raum Wärme und hebt Details hervor. Das kann ein frischer Blumenstrauß in einer schönen Vase oder eine mit Früchten gefüllte Porzellanschale sein. Auch ein Läufer auf dem Tisch sieht elegant aus. Hier können Sie Ihrer Kreativität freien Lauf lassen.

F. BÜFFET Wenn Sie oft Gäste empfangen, lohnt sich eine Anrichte im Esszimmer, um bei Dinnerpartys oder Festtagsessen die Speisen zu platzieren. Darin kann man auch Spirituosen, Wein und Cocktailgläser aufbewahren (siehe Nr. 018).

053

DIE SAMMLUNG PRÄSENTIEREN

Eines meiner Lieblingsmöbel ist eine alte Kuchenvitrine, in der ich mein Jadeit-Geschirr aufbewahre. Ich sammle Jadeit seit rund 15 Jahren und kaufe das Geschirr in Antiquitäten- und Second-Hand-Läden, auf privaten Flohmärkten und online bei Ebay oder Etsy. Präsentieren auch Sie die Sammlung Ihrer Lieblingsstücke in einer Vitrine oder auf einem Regal. Ich empfehle, ähnliche Objekte gemeinsam zu präsentieren. So wirkt eine Sammlung besser als im ganzen Haus verstreute Teile davon. Handelt es sich um zerbrechliche Gegenstände, stellen Sie sie lieber in eine Vitrine mit Glastüren.

Profitipp

STRIKTE TRENNUNG

Bewahren Sie nur Geschirr und Tischzubehör im Geschirrschrank auf. Entfernen Sie alles, was nicht dazugehört.

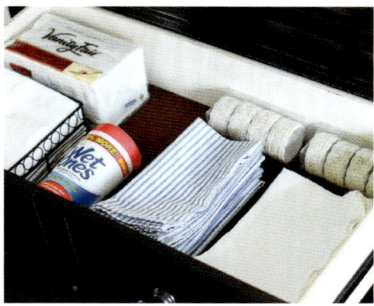

054

EIN SCHRANK FÜR DAS GESCHIRR

Ein Möbelstück mit ordentlich Stauraum ist der Schlüssel zu einem geordneten Esszimmer – besonders, wenn Sie häufig Gäste bewirten. Geschirrschränke mit Regalen, Schubladen und Fächern bieten reichlich Platz und sind in vielen Stilen und Größen erhältlich. Die Schubladen sind praktisch, um Kleinkram zu verstecken, und in den Fächern mit Glastüren kommt Ihr Lieblingsgeschirr perfekt zur Geltung. Hier sind einige Ideen, um den ganzen Platz aufzuteilen:

FÄCHER
- ☐ saisonale Tischdekoration
- ☐ Festtagsgeschirr
- ☐ Serviertabletts und -schüsseln

REGALE
- ☐ Porzellangeschirr
- ☐ Tortenständer
- ☐ Bilderrahmen oder Deko
- ☐ antikes Geschirr

SCHUBLADEN
- ☐ Serviettenringe
- ☐ Stoffservietten
- ☐ Tischsets
- ☐ Platzteller
- ☐ Tischdecken und Läufer
- ☐ zusätzliches Besteck
- ☐ Platzkarten oder -tafeln
- ☐ Kerzen, Feuerzeug oder Streichhölzer

055

PROBLEMZONE ESSTISCH

Für eine kleine Wohnung gilt ein Esstisch oft als Luxus und in einer winzigen Bleibe manchmal als ein Ding der Unmöglichkeit. Mit den folgenden Tipps umgehen Sie das Problem und schaffen einen eigenen Essbereich.

RUNDER TISCH Um einen kleinen, runden Tisch passen meist mehr Personen als um einen rechteckigen Tisch. Außerdem ist seine Grundfläche kleiner und er kann bei Bedarf leicht in eine Ecke gestellt werden.

DOPPELNUTZUNG Ein Bereich kann für verschiedene Zwecke genutzt werden. Eine Küchentheke kann auch als kleine Essnische für zwei dienen. Tipp: Wählen Sie Barhocker mit Bedacht. Ohne Fußstütze schlafen

Ihnen vielleicht während des Essens die Beine ein.

KLAPPTISCH Manche Klapptische sehen überraschend schick aus. Schauen Sie sich ein wenig um, bevor Sie diese Möglichkeit verwerfen. Es gibt auch Tische, die von der Wand heruntergeklappt werden wie ein Schrankbett. Eine weitere Möglichkeit wäre auch eine aus einem Küchenschrank herausziehbare Platte als Essfläche oder zusätzlicher Servierplatz.

AUSZIEHTISCH Ausziehbare Tische sind praktisch, wenn man oft Gäste hat – Sie benötigen nur einen guten Platz zum Aufbewahren der Einlegeplatte. Ähnlich sind aufklappbare Tische, die mit einem Handgriff mehr Platz bieten.

BEINE IN DIE HAND NEHMEN

Wenn Sie Platz für die Teile haben, lohnt sich ein Tisch mit abschraubbaren Beinen. Er ist bei Bedarf schnell aufgebaut und kann schick aussehen.

056

RAUM IM RAUM

Mit dem richtigen Licht könne Sie einen kleinen Essbereich hervorheben, etwa mit einer Pendellampe über dem Tisch – besonders, wenn der Tisch nicht in einem eigenen Esszimmer steht. Das hebt den Bereich vom Rest des Raums ab. Wenn Sie Mieter sind oder aus anderen Gründen keine Lampe aufhängen können, tut es auch eine Leuchte, die hoch hinter dem Tisch platziert ist.

Einen Raum im Raum abgrenzen kann man auch mit einem Wandschmuck, der das Auge nach oben lenkt und den Tisch optisch verankert. Das kann ein großer Spiegel sein, ein gerahmtes Kunstwerk oder eine flippige Wanduhr. Probieren Sie aus, was zu Ihrem Zuhause passt!

057

EINE DINNERPARTY AUF KLEINSTEM RAUM

Ein winziges Haus oder eine Ein-zimmerwohnung soll Sie nicht davon abhalten, eine unterhaltsame Dinnerparty zu veranstalten – ganz gleich, ob Sie ein Esszimmer oder überhaupt einen Esstisch haben. Ihre Freunde kennen Ihr kleines Zuhause und erwarten keine Festtafel. Wenn Sie also gerne Gäste bewirten, lassen Sie sich nicht durch Platzmangel bremsen. Hier sind einige Tipps, wie die Dinnerparty gelingt.

PLATZ MACHEN Schaffen Sie Platz für die Party. Dafür müssen Sie vielleicht die Möbel um- oder wegstellen (etwa einen Couchtisch oder einen Lehnsessel temporär ins Schlafzimmer umquartieren). Ein freigeräumtes Wohnzimmer kann bei knappem Platz perfekt als Esszimmer herhalten.

ATMOSPHÄRE Gedimmtes Licht und Kerzen lenken den Blick auf den Essbereich und weg von den umge-räumten Bereichen dafür. Ein bunter Blumenstrauß ist ein hübscher Tafel-schmuck, der auf einem kleinen Tisch nicht allzu viel Platz beansprucht.

KREATIV SITZEN Wenn Sie oft Besuch haben, lohnt sich der Kauf einiger schicker, leicht verstaubarer Klappstühle. Oder veranstalten Sie

einen orientalischen oder japanischen Themenabend, wo die Gäste auf Kissen auf dem Boden sitzen.

BUNT GEMISCHT Haben Sie absolut keinen Platz für Tisch und Stühle, veranstalten Sie stattdessen eine Cocktailparty und platzieren Sie Teller mit Häppchen an verschiedenen Stellen im Raum. So können die Gäste teils sitzen, teils stehen, ganz unver-krampft, und niemand muss einen vollen Teller auf dem Schoß balancie-ren. Legen Sie die Servierbereiche mit hübschen Platzdeckchen aus (etwa mit farblich abgestimmten Stoffser-vietten oder Stoffresten). Auf diese Weise kann man auch Bücherregale, Beistelltische und Arbeitsflächen zu Essbereichen umfunktionieren.

MARIA, **GRACEFUL ORDER**

," So sehr ich auch den Minimalismus predige, bin ich auf Gäste gerne gut vorbereitet. Mit der Zeit haben sich viele Lieblingsstücke angesammelt, die ich bei Dinnerpartys verwende, und mein Esszimmer hatte schon etwas Ordnung nötig.

Meine Sammlung aus Servietten, Serviettenringen, Platzkarten und Vorlegebesteck hatte keinen eigenen Bereich. Noch schlimmer: Ich legte auch ganz unpassende Gegenstände in die Schublade – Stifte und Papierkram. Wollte ich eine Dinnerparty vorbereiten, musste ich mich erst durch die Unordnung wühlen, bevor ich das fand, was ich brauchte. Manchmal vergaß ich, dass ich ein bestimmtes Teil besaß, weil ich es nie sah.

Ich musste alles ganz neu ordnen und meinen Geschirrschrank zurückerobern. Ich hatte genug Platz, ich musste ihn nur richtig nutzen. Jetzt, da die Schubladen geleert, alle Gegenstände sortiert und wieder eingeräumt waren, kann die nächste Party kommen! "

VORHER

NACHHER

058

EINE LOCKERE PARTY GEBEN

Gute Organisation ist das A und O jeder Party. Wenn Sie Freunde zu einem Grillabend oder einem Stehbüffet einladen möchten, helfen Ihnen die folgenden Überlegungen bei einem reibungslosen Ablauf.

PLATZ KALKULIEREN Vielleicht haben Sie einen netten Garten, aber was, wenn es plötzlich regnet oder starker Wind aufkommt und alle im winzigen Wohnzimmer eingepfercht Unterschlupf suchen? Laden Sie nicht mehr Leute ein, als Sie unter Dach unterbringen können, auch wenn der Garten Platz für mehr bietet. Wenn in Ihrer Gegend auf das Wetter Verlass ist, haben Sie mehr Spielraum. Vergessen Sie aber nicht: Partygäste sammeln sich immer in der Küche.

KÜHLSCHRANK FREIMACHEN Vor der Party möglichst viel aufbrauchen, um im Kühlschrank mehr Platz für die Partyeinkäufe zu schaffen. Bei Bedarf einige Kühlboxen besorgen und mit Eis füllen, um alles schön gekühlt zu halten.

NICHT ZU VIEL KAUFEN Nicht jeder wird alles aufessen und es ist auch nicht schlimm, wenn Omas spezieller Kartoffelsalat leer ist, bevor ihn jeder Gast probiert hat. Hauptsache, es gibt genug anderes Essen. Brot und Käse passen immer und Reste davon kann man leicht verbrauchen oder einfrieren.

AUFBAU PLANEN Büffets auf Kreuzfahrtschiffen und in Hotels sind aus gutem Grund so aufgebaut, wie sie es sind. Lernen Sie von den Profis und schaffen Sie einen natürlichen Ablauf für die Gäste. Ein Stapel Teller an einem Ende des Tischs signalisiert den Anfangspunkt. Auch das Besteck scheint dort hinzugehören, wobei das gleichzeitige Hantieren mit Teller, Besteck und den Servierlöffeln umständlich ist. Darum das Besteck lieber ans Ende des Büffets legen. Dort kann man es leicht mit einer freien Hand greifen, wenn die Teller schon beladen sind.

Profitipp

DRAUSSEN ESSEN

Wenn die Kinder (und auch die Großen) im Sommer zu Hause sind, kann man schönes Wetter nutzen, um manchmal draußen essen. Ein Picknick im Garten ist ideal, um Sonne zu tanken und den üblichen Abwasch danach zu vermeiden. Wer einen Grill oder eine Feuerstelle hat, kann auch Würstchen oder Marshmallows braten. Solche unerwarteten Leckereien am Nachmittag zu Hause sind ein ganz besonderes Vergnügen!

059

BEREIT FÜR JEDE PARTY

Partyzubehör sollte man immer zur Hand haben – für spontane Feiern oder wenn man vor lauter Tortenbacken die Geburtstagskerzen vergessen hat.

Schreiben Sie auf einen großen Schuhkarton „Party-Box" und füllen Sie ihn mit den wichtigsten Utensilien, etwa mit Kerzen, Ballons, Luftschlangen, Tortendekoration und festlichen Girlanden für verschiedene Gelegenheiten.

Wenn Sie das nächste Mal eine Überraschungsparty geben, wissen Sie, dass Sie gut vorbereitet sind. Sie müssen nur noch das Essen zubereiten und die Party genießen.

Denken Sie beim Einkaufen für Ihre Party-Box an Abverkäufe und Angebote nach Feiertagen. Dann ist Partyzubehör am günstigsten.

060
PICKNICK-ZUBEHÖR AUFBEWAHREN

Einweg-Pappgeschirr und Plastik-besteck sind ideal für Grillabende, Geburtstagsfeiern oder wenn man keine Zeit oder Lust zum Spülen hat. Bewahren Sie das ganze Zubehör in einem eigenen Fach oder Korb in der Küche auf, so ist es schnell bei der Hand und wieder verräumt. Um Müll zu vermeiden, empfehlen sich wie-derverwendbare Melaminteller oder kompostierbares Papier- oder Plas-tikgeschirr. Dieses Geschirr ist aus recycelten, biologisch abbaubaren Materialien hergestellt. Es gibt Teller, Becher, Besteck – was immer man benötigt. Man kann auch ein billiges „richtiges" Geschirrset kaufen und beim Outdoor-Zubehör aufbewahren. Für Partys oder Grillabende im Garten sind Glas und Porzellan aber weniger zu empfehlen. Im Trubel fällt schnell etwas hinunter, und wer hat schon

Lust, Scherben aufzuräumen, wenn der Garten voller Gäste ist?

Die folgende Liste enthält einige Ideen, was zu Ihrem Picknick-Zubehör gehören könnte.

PICKNICK-ZUBEHÖR

☐ Papierteller
☐ Schüsseln
☐ Besteck
☐ Servietten
☐ Plastikbecher
☐ Tischdecken
☐ Strohhalme
☐ Muffinbecher (für Snacks)
☐ Zahnstocher (für Fingerfood)

WOCHE 3
DIE ESSZIMMER-
Aufgabe

Das Esszimmer (oder Ihr Essbereich) ist der Platz, an dem die Familie den Tag ausklingen lässt, Geschichten erzählt und Erinnerungen prägt. Selbst wer dort nicht isst, nutzt es vielleicht als Sammelplatz für die ganze Familie. Oder es wird nur für besondere Anlässe genutzt. Meine Familie isst dort zu Abend, wodurch das Esszimmer täglich genutzt wird. Ich nutze es gerne, statt es nur für Fest- und Feiertage zu sparen, aber ich kenne viele, die lieber am Küchentisch essen und das Esszimmer nur für größere Zusammenkünfte nutzen. So oder so sollte es ordentlich und funktionell sein.

Das Organisieren des Esszimmers ist recht einfach. Wenn Sie einen Geschirrschrank oder eine Anrichte besitzen, können Sie leicht einen zweckmäßigen Aufbewahrungsplatz für alles Notwendige einrichten. Sonst muss man kreativ werden. Ich fand keine Anrichte, die mir gefallen hat, also kaufte ich stattdessen eine breite Schlafzimmerkommode. Sie können auch ein altes Möbelstück umfunktionieren, neu streichen und ihm eine neue Daseinsberechtigung in Ihrem effizienten, geordneten Esszimmer schenken. Legen Sie die Schubladen mit Papier aus und geben Sie Behälter und Sortierfächer hinein, um darin Ihr Zubehör für Essen und Bewirtung aufzubewahren.

ARBEITSABLAUF

1. VORBEREITEN
Sie benötigen vier Behälter zum Sortieren der Gegenstände in folgende Kategorien: „behalten", „spenden", „wegwerfen/recyceln" und „anderer Raum".

2. SORTIEREN
Durchforsten Sie alles auf dem Tisch, der Anrichte, in allen Schubladen und Regalen. Jeden Gegenstand in den entsprechenden Behälter legen und so viel Kram wie möglich ausrangieren. Wenn Sie 16 Kerzen besitzen und seit Jahren keine angezündet haben, können Sie bestimmt auf sie verzichten. Stellen Sie die Behälter dann bis zum Einräumen in einen anderen Raum.

3. SAUBERMACHEN
Nun sollte der Raum bis auf die Möbel leer sein. Zeit für eine gründliche Reinigung! Schrubben Sie die Böden, den Tisch, die Stühle, die Fußleisten, die Anrichte, die Fenster und alles andere.

4. EINORDNEN
Holen Sie nun den Behälter mit der Aufschrift „behalten" herein. Nehmen Sie die Gegenstände einzeln heraus, sortieren Sie sie in Kategorien und räumen Sie sie in Schubladen oder Körbe ein, stellen Sie sie auf Regale oder in Vitrinen. Hier einige Ideen für Kategorien in Ihrem Geschirrschrank:

- ☐ Einweggeschirr und Plastikbesteck
- ☐ Servietten und Serviettenringe
- ☐ Tischsets
- ☐ Tischdecken
- ☐ Getränkezubehör
- ☐ saisonales und Festtagszubehör

Wohnen + Aufbewahren

Gut organisierte Wohn- und Arbeitsräume erleichtern das Leben. Leserlich beschriftete Behälter und ein durchdachter Putzplan sparen Zeit, die man sonst mit Suchen und Aufräumen verbringt. Natürlich sind beschriftete Spielzeugkisten keine Garantie für ständige Ordnung und Sauberkeit – aber sie erleichtern das allabendliche Aufräumen. Und Ihre Kinder wissen endlich, wohin sie ihre Sachen räumen sollen (ganz ohne Anweisung oder Nörgelei). Dieses Kapitel behandelt den Eingangsbereich, das Wohnzimmer, das Schlafzimmer, das Gästezimmer, die Kinderzimmer, die Schränke und die Badezimmer. Egal, ob Sie in einer kleinen Stadtwohnung oder einem geräumigen Landhaus leben, die folgenden Ordnungstipps sorgen für praktische Aufbewahrung und ordentliche Wohnräume.

061

DER ERSTE EINDRUCK

Der Eingangsbereich ist das Erste, was man beim Betreten Ihres Zuhauses sieht. Er sollte Sie und andere mit offenen Armen empfangen. Dieser Bereich bestimmt die Atmosphäre im Haus; er sollte stets sauber, einladend und ordentlich aussehen sowie Ihren Geschmack und den Stil Ihres Haushalts widerspiegeln. Hier sind ein paar Tipps, um den Bereich aufzuwerten, damit er herzlich und einladend wirkt. Man weiß schließlich nie, wann der nächste Gast hereinschneit.

EIN SAUBERER NEUSTART Der erste und wichtigste Schritt ist eine gründliche Reinigung des Bereichs. Alles herausräumen und von oben (einschließlich Kranzprofil und Leuchten) nach unten (die Böden und, bei Fliesenböden, die Fugen) abschrubben. Der ganze Bereich soll glänzen! Die Eingangstür beidseitig sowie alle Leisten, Simse, Türgriffe, Schlösser, Spiegel und Wände abwischen. Putzen Sie die Treppen, die Geländer und Flächen und waschen Sie Vorleger und Vorhänge. Entrümpeln Sie die Garderobe. Ein sauberer Eingangsbereich ist für eine einladende Atmosphäre unerlässlich. So wird das Einräumen und Dekorieren zum reinsten Vergnügen.

DIE RICHTIGEN MÖBEL Besorgen Sie ein Möbelstück, in dem Sie alles unterbringen, was im Eingangsbereich benötigt wird. Das kann, je nach Platz, ein Stuhl mit Kleiderständer oder ein neuer oder umfunktionierter Garderobentisch sein. Ist der Platz zu knapp, kann man auch den nächstgelegenen Garderobenschrank oder einen anderen Platz im Eingangsbereich für das Aufbewahrungssystem nutzen. Der perfekte Garderobentisch ist relativ schmal und hat mindestens eine Ablagefläche unter dem Tisch. Man kann auch einen Schrank umfunktionieren oder ein paar Beistelltische kombinieren.

NEUER VORLEGER Ein neuer Vorleger oder Läufer im Eingangsbereich kann für ein ganz anderes Flair sorgen. Er sollte sauber und schick sein, weder fleckig noch ausgefranst. Da der Vorleger im Durchgangsbereich des Hauses liegt, wird sich an ihm schon relativ früh der erste Verschleiß zeigen. Darum sollte er einmal im Jahr gründlich gereinigt oder ausgetauscht werden.

DEKORATION Wenn alle Ordnungssysteme eingerichtet sind, wird der Bereich dekoriert. Das Ziel ist es, eine einladende Atmosphäre zu schaffen. Blumen, Kerzen, ein Kranz und ein schicker Vorleger machen viel aus.

062

EIGENE BEREICHE FÜR WICHTIGES

Die Ordnung in einem Bereich zu wahren ist genauso einfach wie das Sortieren von Gegenständen. Überlegen Sie sich, welche Gegenstände Sie täglich verwenden, und geben Sie ihnen einen eigenen, beständigen Platz, den die ganze Familie kennt – und den sie auch nicht vergisst.

Wo wollen Sie Schlüssel und die ausgehende Post aufbewahren? Ersparen Sie sich die Sucherei vor dem Verlassen des Hauses. Verwenden Sie ein Schlüsselbrett oder Haken, um Schlüssel neben die Tür zu hängen. Die Post kann in einer Wandablage oder einem Korb auf dem Garderobentisch verstaut werden. Eingangspost sollte sofort richtig abgelegt werden, damit sich nichts anhäuft. Rechnungen gehören direkt ins Heimbüro (siehe Nr. 118), Kataloge und Zeitschriften an ihren Platz und unerwünschte Werbung sofort zum Altpapier.

063

ALLES NEU IM EINGANGSBEREICH

Haben Sie schon jemals ein fremdes Haus betreten und wurden von einem Haufen aus Schuhen, Taschen, Jacken und Krimskrams empfangen? Das lenkt ab und kann auf Besucher sogar abweisend wirken. Sobald Sie Ihren Eingangsbereich gereinigt und wieder eingerichtet haben, können Sie ihn mithilfe der folgenden Tipps organisieren und das Beste daraus machen. Der Bereich soll nützlich sein und Ihr Zuhause rationeller gestalten. Haben Sie keinen separaten Eingangsraum, einfach jenen Bereich aufpolieren, den Besucher als Erstes sehen (siehe Nr. 064, rechts).

SORTIEREN Besorgen Sie einige Behälter für alle Gegenstände des Bereichs – etwa für Handtaschen, Schuhe, Geldbörsen, Schals, Hüte, Regenschirme, Sportsachen, Schultaschen, Bücher, Schlüssel und Post (siehe Nr. 062). Es sollte kein Sammelplatz für alles entstehen – sonst findet man dort Abgelegtes nie wieder und die Ordnung im Raum ist dahin. Beschriften Sie jeden Container und sortieren Sie die Gegenstände in Kategorien:

- ☐ Winterbekleidung: Hüte, Handschuhe, Ohrwärmer und Schals.
- ☐ Regenschutz: Regenschirme, Regenponchos, Gummistiefel usw.
- ☐ Raumduft: Kerzen, Duftwachs und Feuerzeuge.
- ☐ Überschuhe: Wenn Gäste bei Ihnen die Schuhe ausziehen müssen, bieten Sie Überschuhe oder Gästepantoffeln an.

- ☐ Einkaufstaschen: Halten Sie wiederverwendbare Taschen oder Plastiktüten griffbereit.
- ☐ Haustiere: Katzenspielzeug, Leinen, Gassibeutel und anderes Tierzubehör.

JACKEN UND SCHUHE VERSTAUEN Halten Sie im Garderobenschrank Ordnung. Reservieren Sie ihn für Jacken, Schuhe und Taschen – oder setzen Sie ein zu Ihrer Familie passendes Ordnungssystem um. Wir bewahren Jacken und Schuhe in einem eigenen Raum, der „Schmutzschleuse", auf. Ein Korb und ein Kleiderhaken neben der Eingangstür tun es auch. Wenn Sie keinen Flur haben, eignet sich auch ein eigener Platz in der Garage (siehe Nr. 065). In meinem Haus bedeuten Schuhe immer Chaos, darum gilt die Regel: „Keine Schuhe im Eingangsbereich." Die Kinder tragen ihre Schuhe in den Schmutzraum oder stellen sie in einen Schuhkorb im Arbeitszimmer, das neben dem Eingangsbereich liegt. Wenn Sie keine Schmutzschleuse haben oder keine Schuhe im Haus wollen, hängen Sie ein Schuhregal innen an die Tür des Garderobenschranks. So sind die Schuhe weder auf dem Boden noch im Weg. Geht es Ihnen nur um die Sauberkeit, genügt ein Fußabstreifer oder eine Schuhabtropfschale. Letztere können Sie auch mit einigen Flusskieseln befüllen – das sieht hübsch aus und hält Ihr Zuhause an Regentagen pfützenfrei.

064

EINGANGSBEREICH AUF KLEINEM RAUM

Nicht jeder Wohnraum hat einen eigenen Eingangsbereich – etwa kleine Häuser oder schmale Wohnungen mit langen Fluren und kleinen Zimmern. In diesem Fall kann der Eingangsbereich in mehrere Bereiche im Haus aufgeteilt werden, die alle ihren eigenen Zweck haben. Die Anordnung der Bereiche sollte dem natürlichen Bewegungsablauf nach Betreten des Wohnraums folgen.

Hängen Sie ein Schlüsselbrett und eine Postablage an die Wand rechts neben der Tür. So können Sie direkt nach dem Hereinkommen die Schlüssel aufhängen und die Post an ihren Platz legen.

Dann möchten Sie Ihre schmutzigen Stiefel ausziehen und Ihre Tasche abstellen. Stellen Sie in einem schmalen Flur ein Schuhregal nicht weit vom Posthalter auf, vielleicht eines mit einer Ablage für Taschen und Rucksäcke. Oder Sie befestigen zum Aufhängen von Taschen einige Haken an der Wand.

Zuletzt möchten Sie Mantel oder Jacke ablegen. Ist kein Schrank in der Nähe, funktioniert auch ein Bereich mit Kleiderhaken und einem Korb für Handschuhe, Hüte und Schals.

Das war's! Nun sind Sie bereit für einen entspannten Abend in einem aufgeräumten Zuhause und müssen sich keine Gedanken darüber machen, wo Sie Handschuhe, Schlüssel oder Geldbörse hingelegt haben, wenn Sie morgens in Eile das Haus verlassen.

065

EINRICHTEN EINES SCHMUTZRAUMS

Wer wenig Platz oder keinen Schmutzraum im Haus hat, kann sich eine Schmutzschleuse in der Garage einrichten. Der Bereich sollte optimal ausgenutzt werden, besonders, wenn Sie Kinder im Schulalter haben (die viele Schuhe, Jacken, Taschen usw. benötigen). Ich habe diese praktische Hakenleiste für die Garage gebastelt. Sie war in weniger als einer Stunde gebaut und erfüllt ihren Zweck perfekt. Ich verwende einfach Klebehaken.

MAN BENÖTIGT:

- ☐ 2 Kiefernbretter (Meine Bretter sind 2,5 x 10 cm; messen Sie den Bereich aus, um die für Sie passende Größe zu ermitteln.)
- ☐ Nagelpistole oder Hammer und Nägel
- ☐ Stabilisierungsstreifen
- ☐ Zierleiste
- ☐ Farbe und Pinsel
- ☐ „Scotch Extreme"-Klettstreifen
- ☐ Klebehaken (ich nahm Outdoor-Metallhaken)
- ☐ Namensschilder

SCHRITT EINS Den Bereich ausmessen und die benötigte Länge der Bretter, die Anzahl der Haken usw. ermitteln. Alle Teile und Werkzeuge in Reichweite bereitlegen.

SCHRITT ZWEI Die Holzbretter mit Nagelpistole oder Hammer aneinandernageln, dann die Stabilisierungsstreifen anbringen. An der Oberseite des Bretts die Zierleiste befestigen.

SCHRITT DREI Das Brett bemalen und trocknen lassen. Ich wählte Weiß, passend zur Tür und zu den Wänden, und weil es ein eleganter, neutraler Hintergrund ist.

SCHRITT VIER Das Brett mit den Klettstreifen an der Wand befestigen oder an Holzstreben nageln. Dann die Klebehaken am Brett anbringen.

SCHRITT FÜNF Die Haken mit den Namensschildern für jedes Familienmitglied beschriften. Nun sind sie einsatzbereit! Bedenken Sie aber die Trockenzeit der Klebestreifen, bevor Sie etwas an die Haken hängen.

066

DEN RAUM AUSSTATTEN

Egal, ob Ihre Schmutzschleuse ein Raum im Haus oder eine Ecke in der Waschküche oder Garage ist – Folgendes ist unerlässlich:

VERTIKALER STAURAUM An der Wand befestigte Körbe fassen Einkaufstüten, Regenschirme und andere häufig verwendete Dinge. In einem davon kann man auch ausgehende Post ablegen. Ein weit oben angebrachtes Regal mit Behältern verwahrt saisonale Überbekleidung.

KÖRBE Kinderschuhe und Regenponchos passen in einen hübschen Korb.

SCHUHWANNE Eine Schuhwanne sammelt bei Schnee oder Regen das Abtropfwasser von nassen Stiefeln.

FUSSMATTE Eine Fußmatte oder ein Flickenteppich verhindert, dass Kinder (und Erwachsene) Schmutz und Blätter mit den Schuhen ins Haus tragen.

Nicht vergessen: ein Hauch von Dekoration. Ich habe die Stufen bemalt und Hausnummern angebracht, weil mir dieser Look gefällt. Die Wanduhr verankert den Bereich. Einige Kunstobjekte oder Familienfotos verleihen dem Bereich eine heimelige, stimmige Atmosphäre. Auch ein Kranz macht sich hier gut.

067

DIE TREPPE NUTZEN

Treppen und Treppenabsätze werden selten zur Aufbewahrung genutzt. Wenn Ihr Eingangsbereich klein ist, bietet die Treppe zusätzlichen Stauraum. In meinem früheren Haus lagerte ich wichtige Dinge in einem Regal mit Aufbewahrungsbehältern am Treppenabsatz. Dekorative Boxen, die zur Einrichtung passen, sind ein netter Blickfang beim Hereinkommen. Praktisch sind auch schmale Körbe auf den Treppen. Man kann zudem jedem Familienmitglied einen Behälter oder Korb zuordnen – für alles, was unten abgelegt wird, aber am Ende des Tages nach oben gehört.

WOCHE 4
DIE STARTRAMPEN-
Aufgabe

DIE „STARTRAMPE" IST DER ORT, an dem man beim Hereinkommen seine Taschen abstellt, den Familienkalender aufhängt, den Putzplan im Auge behält, Rucksäcke verstaut, die Autoschlüssel ablegt usw. Sie ist die Drehscheibe in einem organisierten Zuhause und kann ein richtiger Chaosmagnet sein. Wenn Sie keine Startrampe haben, ist jetzt eine gute Gelegenheit, eine einzurichten. Sie kann sich im Eingangsbereich oder im Schmutzraum befinden, eventuell auch in einer Küche, einer Garage oder im Flur. Der Bereich muss nicht groß sein, aber gut geordnet.

ARBEITSABLAUF

1. VORBEREITEN
Sechs Behälter besorgen, einen für jede Kategorie:

- ☐ behalten
- ☐ spenden/verkaufen
- ☐ Müll/Recycling
- ☐ anderer Raum
- ☐ Schuhe
- ☐ Accessoires

2. SORTIEREN
Sortieren Sie alles in dem Bereich – wirklich *alles*. Danach soll der Bereich bis auf die Möbel und die Behälter leer sein. Jeder Gegenstand kommt in einen der sechs Behälter. (Sie können bei Bedarf auch mehr Behälter oder andere Kategorien verwenden.) Entfernen Sie alles, was nicht mehr benötigt, gemocht oder verwendet wird. Verzichten Sie auf möglichst viel.

3. SAUBERMACHEN
Nun wird gründlich saubergemacht: Saugen oder wischen Sie den Boden und waschen Sie die Vorleger. Wischen Sie die Tür, Fußleisten, Türgriffe, Lichtschalter und Regale. Stauben Sie alle Lampen ab. Säubern Sie alle Ecken und Winkel!

4. ORDNEN
Jetzt sind die Behälter dran. Räumen Sie alles aus „anderer Raum" an seinen Platz. Leeren Sie „Müll" in den Müll und bringen Sie ihn raus. Spenden werden in Ihrem Auto zwischengelagert. Verkaufsgegenstände warten in der Garage auf den nächsten Flohmarkt oder ihren Auftritt bei Ebay.

5. CHECKLISTE
Folgendes könnte in Ihrer Startrampe ein neues Zuhause finden:

- ☐ Schuhe
- ☐ Rucksäcke, Aktentaschen und Handtaschen
- ☐ Schlüssel
- ☐ wiederverwendbare Einkaufstaschen
- ☐ Regenschirme
- ☐ Kalender
- ☐ Jacken und Mäntel
- ☐ Wintergarderobe
- ☐ Hundezubehör
- ☐ Post
- ☐ Putzpläne
- ☐ Ladekabel

Fernbedienungen kann man in Buchboxen auf dem Couchtisch verstecken. Eine Patchworkdecke sorgt für Vintage-Atmosphäre.

068

MEHR LIEBE FÜRS WOHNZIMMER

Für viele ist das Wohnzimmer der Gemeinschaftsraum der Familie, in dem man sich regelmäßig und ungezwungen begegnet, um zu entspannen oder gemeinsam die Nachrichten zu schauen.

Manchmal dient eine Ecke des Wohnzimmers als Arbeits- oder Bastelbereich oder das ganze Zimmer auch als Spielzimmer für Kinder, als Freizeitzimmer mit Spielkonsolen, als Medienzimmer mit Großbildfernseher oder Film-projektor oder auch als „Männer-höhle" einer Junggesellenbude.

Und für die wenigen, die den Platz und den Bedarf dafür haben, ist das eigentliche Wohnzimmer auch schon mal ausschließlich für förmliche Anlässe und Besuche reserviert.

Wie auch immer Ihre Familie die-sen variablen Raum nutzt – mit der richtigen Ordnung bleibt er chaos-frei und nützlich. Das Aufteilen des Wohnzimmers in bestimmte Bereiche und Systeme (siehe Nr. 070) beseitigt Unordnung und gibt Ihrer Familie ein ganz besonderes Geschenk: eine friedliche Atmo-sphäre, in der man die gemeinsa-me Zeit genießen kann.

069

EINEN PUTZPLAN EINHALTEN

Wie oft Sie saubermachen, hängt davon ab, wie viele Personen (und Tiere) in Ihrem Haushalt leben, wie oft sie zu Hause sind und ob sie Aller-gien haben. Als Industriestandard für die Teppichreinigung gilt: Stark frequentierte Bereiche werden einmal pro Woche pro Bewohner gesaugt.

In einer vierköpfigen Familie sollte demnach viermal die Woche Staub gesaugt werden. Da nicht jeder dafür Zeit hat, genügt es, staubfangende Bereiche regelmäßig zu saugen. Sau-gen Sie ein- bis zweimal die Woche unter den Couchkissen und waschen Sie Bezüge und Kissen einmal im Quartal. Waschen Sie Jalousien (mit einer Mischung aus weißem Essig und Wasser) alle ein bis zwei Wochen und die Vorhänge zweimal im Jahr. Einmal im Monat unter den Möbeln saugen.

070

WOHNBEREICHE

Egal, wie groß oder klein ein Raum auch ist: Unterteilt man ihn in verschiedene Bereiche, vermindert man Unordnung und verbessert die Funktionalität. Das gilt für jeden Raum im Haus, aber da das Wohnzimmer so vielseitig genutzt wird, ist hier die Aufteilung in Bereiche besonders wichtig und effektiv. Zuvor ist aber noch eine gründliche Reinigung angesagt: Entsorgen Sie alles, was nicht mehr benötigt wird, räumen Sie weg, was in andere Räume gehört, bringen Sie den Müll weg und schaffen Sie mehr Klarheit im Raum. Nun kann die Aufteilung beginnen.

A. LESEBEREICH Für eine Familie aus Leseratten lohnt sich eine Bücherecke im Raum. Dazu gehören ein bequemer Stuhl, eine Lampe und ein Bücherregal. Ordnen Sie die Bücher auf dem Regal nach Genres und stellen Sie die Kinderbücher ganz nach unten. In einem Korb neben dem Stuhl können Zeitungen und Zeitschriften für das Altpapier gesammelt werden.

B. MEDIENBEREICH Hierhin gehören Filme und DVD-Player, Musik-CDs und Spielkonsolen. Das Spielzubehör kann in beschrifteten Körben aufbewahrt werden, ein Tablett auf dem Couchtisch fasst Fernbedienungen.

So sieht der ganze Bereich ordentlicher aus und Sie wissen immer, wo alles zu finden ist.

C. ERINNERUNGEN & ANDENKEN Stellen Sie Fotoalben und Andenken zusammen auf Bücherregale. Erneuern Sie gegebenenfalls alte oder nicht zusammenpassende Alben.

D. SPIELZEUG & HOBBY Brettspiele, Kinderspielzeug, Spielkarten, Strickzubehör und Ähnliches können in Sitzhockern mit Stauraum oder in Körben auf Regalen aufbewahrt werden. Ist alles verräumt, sieht der Bereich richtig ordentlich aus.

E. SITZBEREICH Wohin Sie die Möbel stellen, hängt davon ab, wie Ihre Familie sie nutzt. Bei Filmliebhabern wird der Fernseher (oder die Leinwand) das Herz des Wohnzimmers sein. Couch und Stühle sollten zum Fernseher zeigen, aber auch Gespräche und Blickkontakt ermöglichen. Spielt Ihre Familie gerne Karten oder Brettspiele am Couchtisch, stellen Sie Stühle und Sitzkissen in seine Nähe. Und wenn Sie gerne lebhaft diskutieren, sollten Couch und Stühle zueinander zeigen. Zusätzliche Decken und Kissen im Schrank verstauen, um den Raum nicht zu überfüllen.

Einbauregale sorgen für Ordnung. Zu viel Krimskrams lässt den Bereich jedoch überladen aussehen. Die Lösung: gut organisierte, zweckmäßige Regale.

071

NEUE ORDNUNG IM BÜCHERREGAL

Bewahren Sie alle Bücher an einem Ort auf. Sortieren Sie die Bücher in Kategorien, die zu Ihrem Aufbewahrungssystem passen (etwa nach Farbe, Genre oder Größe). Was nicht mehr benötigt wird, kommt weg. Die verbleibenden Bücher werden nun eingeräumt. Vielleicht sollten Sie auch nur jene Bücher behalten, die Sie noch einmal lesen wollen oder als Nachschlagewerke brauchen. Denken Sie beim nächsten Buchkauf an die Regel „kommt eines, geht eines": Für jedes neue Buch wird ein altes weggegeben. So vermeiden Sie Chaos und Platzprobleme.

072

DVDS VERWALTEN

Tragen Sie alle DVDs im Haus zusammen, auch jene aus den Kinderzimmern. Sortieren Sie alle und spenden Sie alle DVDs, die Ihre Familie nicht mehr interessieren. Teilen Sie die Filme wie Ihre Bücher in für Sie passende Kategorien ein. Ich empfehle, sie nach Genres zu ordnen (Kinderfilme, Dramen, Komödien, Liebesfilme, Weihnachtsfilme, Horrorfilme) und ein Katalogsystem dafür wie folgt zu erstellen.

SCHRITT EINS Die DVDs aus ihren Originalboxen nehmen und in dünne Papier- oder Plastikhüllen geben. Jede Hülle nummerieren.

SCHRITT ZWEI Ein alphabetisches Verzeichnis aller Filme erstellen, einschließlich der Nummer auf der Hülle. (Filmfans können auch gerne das Erscheinungsjahr, den Regisseur oder Ähnliches vermerken.)

SCHRITT DREI Die Originalboxen entsorgen und die Hüllen in einem kleinen Korb oder Karton verstauen. Das spart wertvollen Platz. Und wenn Sie die DVDs einmal nicht mehr brauchen, werden sie nicht mehr viel wert sein – also kein Grund, die Boxen zu behalten.

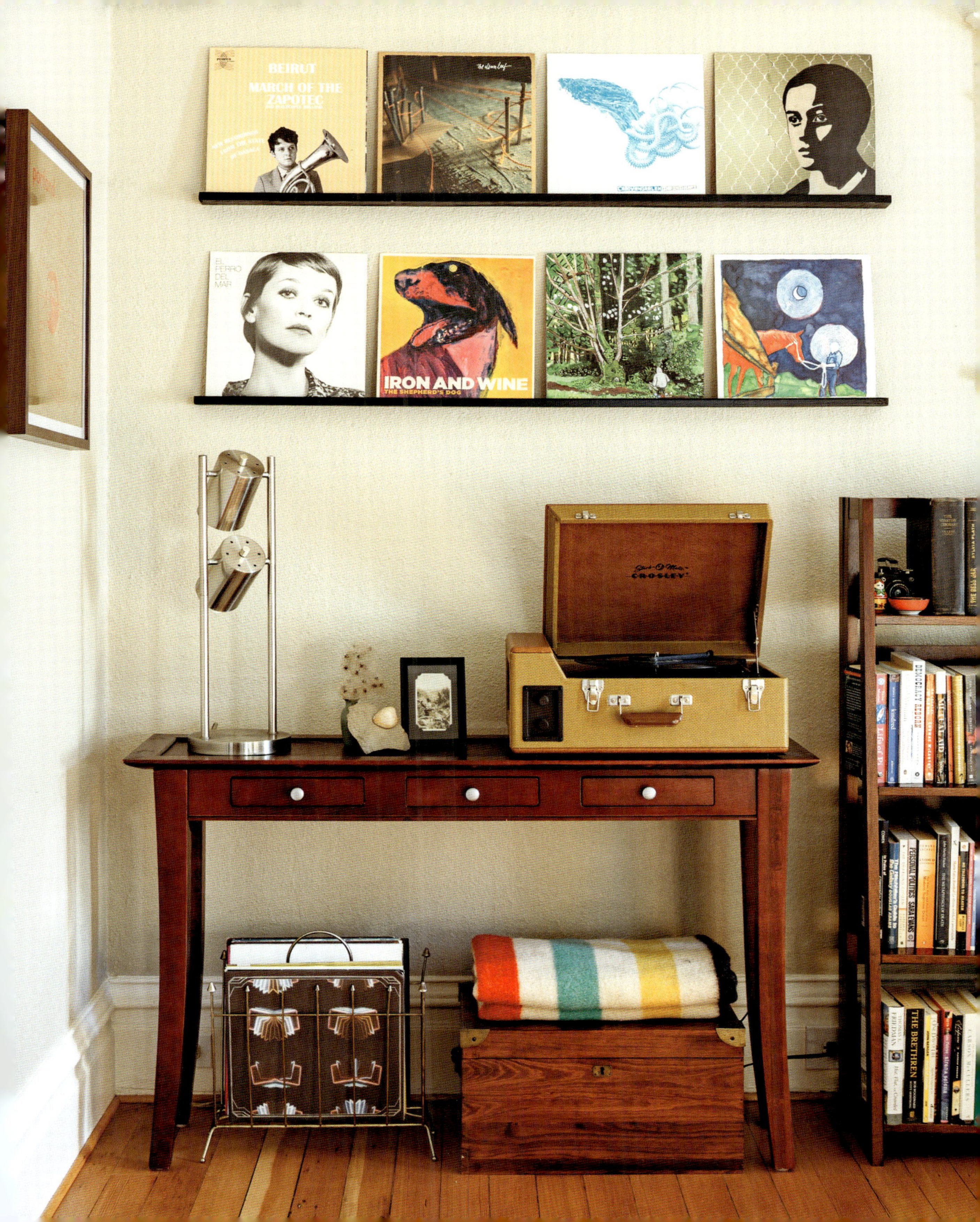
BEIRUT
MARCH OF THE
ZAPOTEC
EL
PERRO
DEL
MAR
IRON AND WINE
THE SHEPHERD'S DOG
CROSLEY
THE BRETHREN

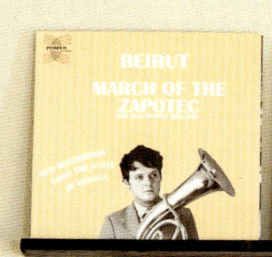

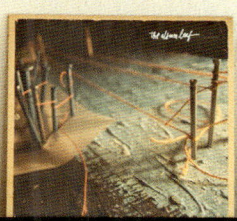

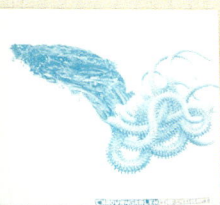

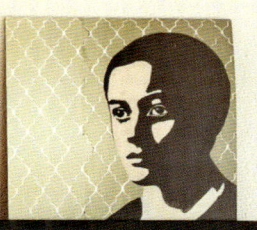

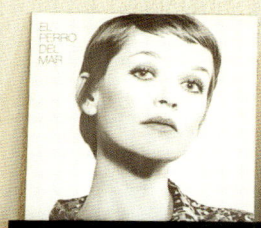

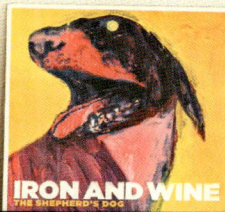

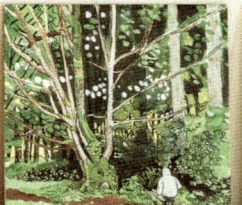

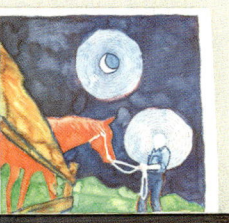

073

DIE UNORDNUNG BESIEGEN

Das Wohnzimmer ist ein Raum, an dem das Ordnunghalten schwierig ist, da dort alle ihre Freizeit verbringen – oft mit einem Buch oder Film oder einem Bastelprojekt. Es ist, als warte das Wohnzimmer nur darauf, vollgeräumt zu werden. Aber dagegen können Sie ankämpfen.

ZURÜCKLEGEN In meinem Haus darf kein Spielzeug im Wohnzimmer liegenbleiben. Vor dem Schlafengehen bringen meine Kinder alles wieder zurück in ihr Spielzimmer. Wenn Sie also beim Fernsehen stricken, verstauen Sie das Strickzeug danach, etwa in einem Korb auf einem Regal in der Nähe.

GLEICHES ZU GLEICHEM Verstauen Sie Wichtiges, damit es schnell zur Hand ist, aber man es nicht ständig sieht. Bewahren Sie Ähnliches in Kategorien sortiert zusammen auf (Fernbedienungen, Zeitschriften, Decken, Nackenrollen) – etwa in einem Korb oder Behälter oder auf einem Tablett.

WÄNDE NUTZEN Hat Ihr Wohnzimmer keine Regale, können Sie auch Körbe an die Wand hängen, um Zeitschriften, Ladekabel oder Ähnliches aufzubewahren. Wenn Ihr Wohnzimmer auch als „Startrampe" dient (siehe Nr. 064), hängen Sie einen Korb für Handschuhe, Mützen und Schals neben die Tür. So ist bei Bedarf alles griffbereit und nicht überall im Haus verstreut.

KURZER CHECK Halten Sie immer kurz inne, wenn Sie das Wohnzimmer betreten oder verlassen. Ist alles an seinem Platz? Wenn nicht, stellen Sie die Ordnung wieder her, wenn es kein großer Aufwand ist: die Decke falten und verräumen, Bücher zurück ins Regal stellen, die Teetasse wieder mit in die Küche nehmen und andere Kleinigkeiten, die das Chaos in Schach halten.

074

MÖBEL MIT MEHRZWECK

Möbeldesigner haben endlich erkannt, dass Menschen viel Zeug besitzen – das sie irgendwo aufbewahren müssen. Ist Ihr Stauraum begrenzt oder haben Sie viele Dinge, die Sie zu häufig benutzen, um sie am Dachboden oder im Keller zu lagern, könnten Sie sie in Sichtweite verstecken. Hier sind einige raffinierte Möglichkeiten:

BANKWÄRMER Gepolsterte Sitzbänke werden oft als vielseitige Möbel für kleinere Räume empfohlen, da sie platzsparender als eine Couch oder ein Sofa sind. Viele Bänke verfügen auch über Stauraum, entweder unter einem hochklappbaren Sitz wie bei einer Klavierbank oder hinter einer schicken Husse. Moderne Varianten können auch nur eine Sitzfläche auf einem Regal oder Schränkchen sein, in das man Bücher oder Andenken stellen kann.

SOFAVERSTECK Manche Sofas haben eine Konsole unter der Armlehne, in der alles verstaut werden kann, wofür man später ungern aufsteht; andere haben einen herausziehbaren oder aufklappbaren Bettkasten.

HILFSREGAL Manchmal macht eine kleine Veränderung an einem Möbelstück einen großen Unterschied. Ein Couch- oder Beistelltisch mit zusätzlichen Regalfächern unter der Fläche bietet Platz für Gegenstände, die sonst verstreut oder unordentlich herumliegen würden.

HOCKERHELD Ein einfacher Fußhocker kann ein Mehrzweck-Superheld sein. Viele Modelle bieten neben ihrer Möglichkeit zur Fußablage auch noch Stauraum – ob Würfel mit geräumigem Versteck für Süßigkeiten oder elegante Schemel mit verborgenen Fächern. Und wenn es einmal mehr Gäste als Stühle gibt, ist ein Fußhocker eine praktische Sitzgelegenheit.

075

STAURAUM EINBAUEN

Vielleicht haben Sie bereits Einbauregale in allen Ecken. Wenn nicht, können Sie mit einem Bücherregal und ein paar Leisten ganz einfach Ihr eigenes Einbauregal basteln. Oder Sie engagieren einen Profi – die richtige Fachkraft baut nicht nur schnöde Regale, sondern eine maßgefertigte Aufbewahrungslösung.

Wenn Sie zum Beispiel massenhaft Bücher, aber keine Bibliothek besitzen, können Einbauregale einen Raum völlig verwandeln. Raumhohe Regale mit relativ geringer Tiefe überfrachten den Raum nicht. Die kleine Grundfläche lässt viel Platz auf dem Boden und bietet vertikalen Stauraum für Bücher, Medien, Andenken und Körbe mit Gegenständen, die andernfalls wertvolle Fläche auf Tischen und Kommoden belegt hätten. Gleiches gilt für den Ausstellungsplatz von Sammelstücken und Kuriositäten.

Eine andere beliebte Lösung ist eine Fenstersitzbank an einer wenig genutzten Wand. Sie ist ein gemütlicher Leseplatz und unter der Sitzfläche befinden sich Regale, die man mit Büchern füllen kann.

Besonders stimmig ist aber eine Kombination beider Ideen: ein mit Bücherregalen umrahmtes Fenster mit einer Sitzbank darunter. Das sieht toll in einem Kinderzimmer oder in der Hausbibliothek aus, unter einer Treppe oder an einem anderen freien Platz, an dem Stauraum ein begehrtes Gut ist.

076

KLEINER RAUM GANZ GROSS

Das Wohnzimmer ist der Raum, in dem wir am meisten Zeit verbringen. Besonders in kleinen Häusern oder Wohnungen ist es meist ein Mehrzweckraum: Spielzimmer, Heimbüro, Familientreffpunkt und Ruheoase. Darum ist es unerlässlich, immer Ordnung zu halten und sämtlichen Platz auf dem Boden und an den Wänden optimal auszunutzen. Die folgenden Ideen sollen Sie inspirieren.

AUFTEILUNG Wo und wie wird der Raum am meisten genutzt? Können Sie sich eine Arbeitsecke einrichten, in der Sie den Rest des Raums ausblenden und sich konzentrieren können? Wenn Sie oft Gäste empfangen, stellen Sie Sofas und Stühle zueinander gewandt auf. Wenn das Wohnzimmer lang und schmal ist, teilen Sie es optisch in zwei Bereiche: Legen Sie einen Teppich in einen Bereich und stellen Sie die Möbel dementsprechend auf.

MEHRZWECKMÖBEL Nutzen Sie Möbel auf kreative Weise. Fußhocker mit Stauraum verbergen Kleinkram und dienen als Sitzfläche für zwangloses Beisammensein (siehe Nr. 074). Eine ausgefallene Truhe statt eines Tisches beherbergt Textilien. Ein höhenverstellbarer Couchtisch dient bei Bedarf als Ess- oder Arbeitstisch. Wenn Sie oft Übernachtungsgäste beherbergen, lohnt sich ein schickes Futon (es gibt sie!) oder ein ausziehbares Schlafsofa.

WENIG ELEKTRONIK Ein Flachbildfernseher an der Wand spart Platz und ein guter Laptop kann einen größeren Desktop-PC ersetzen. Mit dem Smartphone oder Tablet kann man Musik über Bluetooth-Lautsprecher streamen und muss keinen Platz für eine klotzige Stereoanlage freimachen.

077

PLATZSPARENDE MÖBEL

In einem winzigen Wohnzimmer soll jedes Möbelstück gut überlegt sein. Generell empfehlen sich helle Materialien. Klotziges am besten weitestgehend vermeiden.

BEIN ZEIGEN Je mehr Boden sichtbar ist, desto größer wirkt ein Raum. Wählen Sie Stühle, Tische und Sofas mit langen Beinen und meiden Sie altmodische Hussen. Satztische mit schlanken Beinen sparen Platz und bieten zusätzliche Flächen. Hohe Stehlampen sind besser als Tischleuchten, am platzsparendsten sind jedoch Leuchten an der Wand.

KOMBINIEREN Auch wenn man wohl alles klein halten möchte, verleiht ein großes Kontrastelement dem Raum mehr Charakter. Das kann ein großes Kunstwerk oder ein überdimensionierter Stuhl sein. Suchen Sie nach wandlungsfähigen Möbeln. Aus einem Kleiderschrank könnte man einen Sekretär machen, mit Platz für Spielzeug in den Schubladen.

GLASKLAR Glastische verschwinden im Raum und lockern ihn auf. Einen Retro-Look erzielt man mit Beistelltischen aus Acryl. Einige Regalwürfel können als Couchtisch herhalten, bieten Stauraum und sind bei Bedarf schnell weggeräumt.

HOCH HINAUF Stellen Sie, wenn möglich, einige hohe, schmale Bücherregale auf. Sie lassen die Decke höher wirken. Haben Sie die Zeit und das nötige Kleingeld, versuchen Sie es mit einer Einbaulösung (siehe Nr. 075).

Toni sagt

Auf ihrer Website teilt Anna Moseley hilfreiche Tipps rund um Haushalt, Dekorieren und Saubermachen: askannamoseley.com.

ANNA, ASK ANNA

99 Als wir in unser Haus eingezogen sind, hatten wir diese eingebauten Bücherregale, die so groß und hässlich waren. Ich wusste nicht, was ich mit ihnen anstellen sollte. Nachdem ich ein Jahr lang versucht hatte, sie zu ignorieren, reichte es mir. Ich musste etwas aus ihnen machen.

Als Einstimmung habe ich sie neu lackiert. Nun, da sie nicht mehr so hässlich waren, fiel mir das Ordnen leicht. Ich habe kleine Gruppen aus ähnliche Büchern auf den Regalen verteilt. Verschiedene „lose" Gegenstände, zum Beispiel Stoffreste, Fotos und Bürobedarf, habe ich in preiswerte Körbe sortiert. Nachdem alles geordnet war, habe ich noch ein paar dekorative Elemente hinzugefügt. Ich bin mit dem Ergebnis sehr zufrieden und es fällt mir leicht, die Ordnung und die Ästhetik beizubehalten, da alles auf den Regalen seinen Platz hat. 66

VORHER

WOCHE 5
DIE WOHNZIMMER-
Aufgabe

Das Wohnzimmer ist der vielleicht meistbenutzte Raum im Haus und Unordnung entsteht dort schnell. Ich halte mein Wohnzimmer am besten sauber und ordentlich, wenn ich so viel wie möglich hinausräume und nur das Nötigste im Raum behalte. Spielzeug ist in meinem Wohnzimmer nicht erlaubt, aber wir haben das Glück, auch ein Spielzimmer zu besitzen. Selbst wenn Sie für Spielsachen keinen anderen Platz im Haus haben, können Sie Fußhocker, Körbe, große Behälter und Ähnliches verwenden, um Spielzeug zu verstauen. Die folgenden Tipps zeigen Ihnen, wie Sie Ihr Wohnzimmer im Nu von einem überfüllten Allzweckraum in einen ordentlichen Sitzbereich verwandeln.

ARBEITSABLAUF

1. VORBEREITEN
Bevor Sie loslegen, machen Sie eine 5–10 Minuten kurze Grundreinigung des Raums. Entfernen Sie Müll und stellen Sie alles an den richtigen Platz. Besorgen Sie vier Behälter für die Kategorien: „behalten", „spenden", „Müll/Recycling", „anderer Raum".

2. SORTIEREN
Sortieren Sie alles im Raum in die Behälter – jeden Gegenstand auf den Regalen, auf dem Boden, in den Schubladen, auf den Tischen usw. (bei Bedarf weitere Kategorien hinzufügen). Wenn möglich, stellen Sie die Behälter in einen Nebenraum, um mehr Platz zum Reinigen und Ordnen zu haben. Möglichst viel entsorgen.

3. SAUBERMACHEN
Machen Sie den Raum nun gründlich sauber, auch Fenster, Jalousien, Rahmen und Spiegel. Wischen Sie Türen, Leisten, Türgriffe und Lichtschalter. Alle Möbel abwischen und abstauben. Unter den Sofakissen saugen. Dekokissen aufschütteln und bei Bedarf waschen. Böden saugen und/oder aufwischen. Den Deckenventilator und alle Lampen oder Leuchtmittel reinigen. Lampenschirme mit einem Fusselroller von hartnäckigen Staubschichten befreien.

4. ORDNEN
Bearbeiten Sie die Behälter „Müll", „spenden" und „anderer Raum". Gehen Sie dann den Behälter „behalten" durch. Kategorisieren Sie jeden Gegenstand einzeln. Für jede Kategorie können Sie ein anderes Regal, einen anderen Korb oder eine andere Schublade verwenden. Ähnliches zusammen aufbewahren. Nach dem Kategorisieren kommt alles an seinen Platz. Hier sind einige mögliche Kategorien:

☐ DVDs und CDs
☐ Kerzen, Feuerzeuge, Räucherwerk, Duftöle
☐ Überwurfdecken
☐ Fernbedienungen
☐ Zeitschriften
☐ Spielzeug
☐ Bücher

You

make

me

proud

078

DAS SCHLAFZIMMER ENTSTRESSEN

Das Schlafzimmer sollte eine Oase der Ruhe sein, ein Ort für stressfreie Entspannung. Platzt es vor lauter Klamotten, Bettwäsche, Papierkram, Spielzeug und anderem unwichtigen Zeug aus allen Nähten, sollte es dringend entstresst werden. Zum Glück nimmt das nicht mehr als einen Nachmittag in Anspruch.

Bearbeiten Sie einen Bereich nach dem anderen, entfernen Sie alles, was nicht in ein Schlafzimmer gehört, verschenken Sie alles, was Sie nicht mehr benötigen, verstauen Sie alles, was nicht herumliegen soll. Weniger ist mehr. Gehen Sie systematisch vor. Stühle, Fußhocker und Türhaken sind oft Magnete für Kleidungsstücke und Taschen, die nicht ordentlich weggeräumt wurden. Räumen Sie verstreute Gegenstände an ihren Platz und sehen Sie, wie Ihr Schlafzimmer wieder zu Ihrem Ort der Ruhe wird.

079

DIE GELEGENHEIT NUTZEN

Nun ist die beste Gelegenheit für eine gründliche Reinigung des Schlafzimmers. Reinigen Sie Fenster, Türschnallen und Leisten – die sonst oft vernachlässigt werden. Danach alles saugen und abstauben. Bettzeug, Vorhänge und Bettvolants waschen. Das bringt neue Frische.

080 GUTE NACHT

Das Schlafzimmer ist ein Ruheraum, in dem man entspannt und neue Kraft für den nächsten Tag tankt. Es soll ein friedlicher Ort der Erholung sein, mit möglichst wenigen Ablenkungen und Stressfaktoren. Schließlich sollen Sie hier gut schlafen können. Die folgenden Ideen tragen zu einem erholsamen, harmonischen Schlafzimmer bei.

BETTZEUG JEDE WOCHE WASCHEN Es kostet Zeit und Mühe, aber wenn Sie das Bettzeug wöchentlich waschen, werden Sie jeden Abend mit einem besonders entspannten Gefühl unter die Decke schlüpfen.

ALLES WEGRÄUMEN Chaos erzeugt Unruhe, das Gegenteil von Ruhe. Wenn Sie immer alles wegräumen, vermeiden Sie das negative Gefühl beim Anblick von Unordnung.

LAVENDELDUFT Lavendel ist ein natürliches Schlafmittel. Verwenden Sie eine Duftlampe oder sprühen Sie vor dem Zubettgehen etwas Lavendelöl auf Ihre Kissen (siehe Nr. 81).

BILDSCHIRM AUS Schalten Sie den Fernseher aus, legen Sie das Tablet zur Seite und checken Sie vor dem Schlafengehen nicht noch einmal Ihre E-Mails oder sozialen Netzwerke. Lesen Sie stattdessen ein Buch oder hören Sie beruhigende Musik. So können Sie abschalten und Ihr Gehirn kommt zur Ruhe, statt kurz vor dem Schlafen noch elektronisch stimuliert zu werden.

081

WÄSCHESPRAY SELBST GEMACHT

Dieses Wäschespray wird all Ihre Sinne auf Entspannung ausrichten.

WAS MAN BENÖTIGT:

- ☐ 1 Esslöffel Isopropylalkohol
- ☐ 20 Tropfen Lavendelöl
- ☐ 1 Flasche destilliertes Wasser

Alle Bestandteile in eine 100-ml-Flasche füllen. Die Flasche gut schütteln, um alles zu vermischen – auch vor jeder Anwendung. Für einen erholsamen Schlaf jeden Abend auf Kissen und Decken sprühen.

082

STAURAUM MAXIMIEREN

Wenn Ihr Zuhause eher klein oder Ihr Stauraum knapp ist, können Sie auch unter dem Bett einen Aufbewahrungsbereich einrichten. Es gibt Betten mit Schubladen, aber man kann auch ein normales Bett umfunktionieren. Mit Laufrollen kann man aus Holzboxen herausrollbare Schubladen basteln, die genau unter das Bett passen. Oder man kauft flache Plastikbehälter, um darin Schuhe, Winterkleidung, Bettlaken oder Überwurfdecken zu lagern.

Auch Fußhocker passen ins Schlafzimmer, etwa ans Fußende des Betts, für zusätzliches Bettzeug. Manche haben sogar eigene Fächer für die Aufbewahrung von Schuhen. Darin können Sie elegante Schuhe oder Ihre Sportschuhe verstauen.

083

DIE KOMMODE UNTERTEILEN

In der Kommode kann man nicht nur Kleidung, sondern auch Schmuck, Accessoires, Geldbörsen, Clutches und vieles mehr aufbewahren. Ist in Ihrem Schrank der Platz knapp, lagern Sie einiges in die Kommode aus und maximieren Sie so die Ordnung im Schlafzimmer.

SCHMUCK ORDNEN Wenn Sie keine eigene Schmuckschatulle haben (oder Ihre bereits überquillt), ist die oberste Kommodenschublade eine gute Alternative. Legen Sie sie mit Samt aus und verwenden sie flache Sortierbehälter aus Acryl für Ohrringe, Armbänder und Ringe. Weitere Tipps zur Aufbewahrung von Schmuck finden Sie unter Nr. 084.

SCHUBLADEN UNTERTEILEN Eine große Schublade ist für kleinere Kleidungsstücke eher unübersichtlich. Wir verbringen viel Zeit mit dem Falten und Einschlichten von Wäsche und finden schon zwei Tage später das reinste Chaos in der Schublade vor. Schubladenteiler oder Behälter verwandeln diese Unordnung in säuberliche Kategorien (T-Shirts, Shorts, Tops, Socken, Pyjamas usw.). Wichtig ist dabei, alles auf dieselbe Art und in gleicher Größe zu falten, bevor man die Wäsche in ordentlichen Reihen aufrecht einordnet. Das ist die sogenannte KonMari-Methode, mit der Sie alles leichter finden und die Ihre Ordnung länger erhält.

ACCESSOIRES AUFROLLEN Kleinteile wie Gürtel, Krawatten und Schals können platzsparend aufgerollt und nebeneinander in Schubladenfächer geschlichtet werden: perfekt für alle, die nur einen kleinen Kleiderschrank besitzen. Seidenkrawatten bleiben dadurch auch länger in Form – die sie auf herkömmlichen Krawattenhaltern häufig verlieren.

084

SCHMUCK LAGERN

Wenn Sie keine freie Schublade für Ihren Schmuck haben, können Sie Ihre Juwelen auch auf eigenen Tabletts, Ständern oder Tellern auf der Kommode präsentieren. Es gibt auch noch folgende Möglichkeiten:

HAKEN Einige Haken an der Wand über der Kommode oder an beiden Seiten des Frisierspiegels anbringen und auf jeden eine Kette oder ein Armband hängen.

AN DIE WAND Eine tragbare Variante basteln: eingerahmte Korkfliesen und Pinnnadeln; Ohrringe an ein Stück Maschendrahtzaun oder perforiertes Metall hängen.

RINGSCHALEN Besorgen Sie eine kleine, geschwunge Schale – es gibt sie auch mit eigenem Ringhalter. Stellen Sie eine auf den Nachttisch und eine in die Küche, damit Sie immer wissen, wo Ihre Ringe sind.

AN DIE TÜR Für größere Schmucksammlungen gibt es Schmuckregale für die Tür. Hängen Sie eines an die Innenseite einer Schranktür – das erleichtert auch die Schmuckwahl beim Ankleiden.

HINTER DEM SPIEGEL Eine neue Aufbewahrungsidee: Aufklappbare Stand- und Wandspiegel, in denen sich ein Schmuckfach versteckt.

ETAGERE Man kann auch ein mehrstöckiges Serviergeschirr umfunktionieren: Auf einer Etagere lassen sich Armbänder hervorragend aufbewahren – so wird der vertikale Raum bestens genutzt.

085

KREATIV DENKEN

In einem kleinen Raum muss nicht alles versteckt werden, damit er ordentlich aussieht. Solange alles seinen eigenen Platz hat, kann man herumliegende Gegenstände jederzeit wegräumen. Offene Regale (beliebt in Küchen und Wohnzimmern) funktionieren auch in einem Schlafzimmer, wo man darauf schicke Accessoires dekorativ präsentieren kann. Hängen Sie Ihre tollen High Heels doch an Bilder- oder Zierleisten an die Wand. Stellen Sie Parfumfläschchen auf ein elegantes Tablett oder legen Sie bunte Seidenschals säuberlich auf einen Stapel. Wenn im Schrank kein Platz ist, kaufen Sie einen hübschen Wäschekorb mit Deckel oder hängen Sie einen an die Wand, um Platz auf dem Boden zu sparen. Finden Sie die passendste Lösung für Ihren Raum.

WOCHE 6
DIE SCHLAFZIMMER-
Aufgabe

Haben Sie tonnenweise „Zeug" unter Ihrem Bett? Überfüllte Schubladen? Herumliegende Kleidungsstücke an jedem freien Platz? Wenn Ihre Antwort „ja" lautet, ist diese Aufgabe genau richtig für Sie.

Ihr Schlafzimmer ist Ihr Zufluchtsort. Ist dieser Raum erst sauber und aufgeräumt, haben Sie eine Oase der Ruhe, in die Sie sich am Ende des Tages zurückziehen können. Mein Motto für das Schlafzimmer lautet „weniger ist mehr". Man benötigt im Schlafzimmer nicht viel. Denken Sie daran, wenn Sie dort aufräumen. Um den Schrank kümmern wir uns jedoch erst nächste Woche. Diese Woche dreht sich nur um das Schlafzimmer an sich.

ARBEITSABLAUF

1. VORBEREITEN
Besorgen Sie fünf Wäschekörbe oder große Kartons und beschriften Sie sie mit je einer Kategorie: „behalten", „Müll", „spenden", „Kleidung" (alles an Kleidung, was im Schlafzimmer bleibt) und „anderer Raum".

2. AUSRÄUMEN
Räumen Sie alles aus, einen Bereich nach dem anderen. Legen Sie Ihren Schwerpunkt auf die folgenden Hauptbereiche, aber denken Sie auch an den Rest.

Unter dem Bett Holen Sie alles unter dem Bett hervor und sortieren Sie es in die Körbe. Dieser Bereich sollte leer sein.

Kommode – Schubladen Leeren Sie den Inhalt der Schubladen auf das Bett. Gehen Sie jedes Kleidungsstück durch: Passt es noch? Tragen Sie es noch? Wenn nicht, geben Sie es weg. Falten Sie die verbleibenden Kleidungsstücke und legen Sie sie mit Ähnlichem zurück in die Schubladen.

Nachttische Leeren Sie die Schubladen und räumen Sie die Fläche frei. Wischen Sie alles ab und räumen Sie nur das Notwendige wieder zurück.

Kommode – Fläche Ein Magnet für Unordnung und der erste Bereich, der einem beim Hereinkommen ins Auge fällt – also sollte er aufgeräumt sein. Sortieren Sie alles in die Körbe. Wischen Sie die Fläche ab und stellen Sie nur Notwendiges wieder zurück.

3. SAUBERMACHEN
Gründlich saugen und abstauben. Die Fenster, Türgriffe und Leisten reinigen. Bettwäsche, Vorhänge und Bettvolant waschen.

4. ORDNEN
Nun kommt der spaßige Teil – und der Schlüssel zu bleibender Ordnung. Platzieren Sie zusammenpassende Gegenstände in Körben und Behältern überall im Raum. Wenn alles seinen Platz hat, wird es eher auch wieder dorthin zurückgelegt – und man muss nicht ständig aufräumen.

5. GENIESSEN
Geschafft! Nun können Sie eine Kerze anzünden und Ihre Oase genießen.

086

DAS GÄSTEZIMMER AUSSTATTEN

Zeigen Sie Ihre Gastfreundlichkeit, indem Sie den Aufenthalt für Ihren Besuch besonders angenehm gestalten. Ein Ordnungssystem für Übernachtungsgäste erleichtert Ihnen die Vorbereitung auf Besucher. In einem gut ausgestatteten Raum, vielleicht sogar mit eigenem Bade- oder Wohnzimmer, fühlen sich Gäste willkommen und wie im Hotel. Wenn Sie ein eigenes Gästezimmer haben, können Sie es in eine Luxussuite für Ihren Besuch verwandeln. Hier sind einige Ideen dafür:

EDLE BETTWÄSCHE Luxuriöse Bettwäsche, etwa aus weißer ägyptischer Baumwolle, verleiht dem Raum eine Hotelatmosphäre. Wählen Sie die höchste Fadendichte, die Sie sich leisten können, und legen Sie mindestens vier Kissen aufs Bett.

KOMFORTARTIKEL Legen Sie eine Decke, einen Bademantel und Hausschuhe neben das Bett. Wenn Sie Platz haben, stellen Sie auch einen Lesesessel, einen Tisch und eine Leselampe auf.

SNACKBEREICH Auf der Kommode können Sie einen Snackbereich zur Selbstbedienung einrichten: Wasserflaschen, Champagner und Gläser, eine kleine Kaffeemaschine, Kaffee und Tee, elegante Kaffeetassen (perfekt wären sie mit Monogramm) und ein kleiner Korb mit Snacks (Schokolade, Cracker, Müsliriegel).

LESESTOFF Eine aktuelle Zeitung und einige Zeitschriften verstärken das Gefühl, im Hotel zu sein.

VERSCHIEDENES Sorgen Sie für nützliches Zubehör, wie etwa einen Wecker, eine Liste der Fernsehsender und das WLAN-Passwort für Gäste.

087

DAS BADEZIMMER FÜR GÄSTE EINRICHTEN

Einige simple Ideen machen aus Ihrem Gästebadezimmer eine Wellness-Oase. Haben Sie kein separates Gästebad, können Sie in einem der privaten Badezimmer ein Schränkchen oder Regal als Gästebereich einrichten. Meine Gäste nutzen das Badezimmer eines meiner Kinder – eine überraschend gute Lösung für uns. Die folgenden Vorschläge sorgen für eine einladende Atmosphäre für Ihre Gäste. Vielleicht ist Ihnen manches zu aufwendig, darum lassen Sie sich einfach von jenen Ideen inspirieren, die Ihnen zusagen.

EINRICHTUNG Ein aufgeräumtes, neutrales Badezimmer kommt immer gut an.

SAUBERE HANDTÜCHER Ein eigenes, am besten ein zusammenpassendes Set aus weißen Badetüchern, Handtüchern und Waschlappen speziell für Gäste lohnt sich.

PFLEGEPRODUKTE Besorgen Sie genügend Pflegeprodukte, und zwar von allem etwas. Wer weiß, was Ihre Gäste vergessen haben. In den meisten Drogerien gibt es preiswerte Pflegeartikel in Reisegrößen. Oder Sie können Produkte von Hotelbesuchen mit nach Hause bringen:

- ☐ Toilettenpapier
- ☐ Einwegrasierer
- ☐ Rasierschaum
- ☐ Zahnpasta
- ☐ Zahnbürsten
- ☐ Zahnseide
- ☐ Shampoo und Spülung
- ☐ Deodorant
- ☐ Seife
- ☐ Lotion
- ☐ Haarspray
- ☐ Augen-Make-up-Entferner
- ☐ Mundwasser
- ☐ Damenhygieneartikel
- ☐ Verbandkasten
- ☐ Kamm und Haarbürste
- ☐ Kosmetikwatte und Wattestäbchen

WÄSCHEKORB Geben Sie Ihren Gästen einen eigenen Wäschekorb. Wenn er voll ist, bieten Sie an, die Wäsche zu waschen, oder zeigen Sie den Gästen, wo sie ihre Wäsche selbst waschen können. Verwöhnen Sie Ihre Gäste, sodass sie sich wie im Urlaub fühlen.

Weiße Bettwäsche
und frische Blumen
lassen ein Gästezimmer
besonders elegant und
einladend wirken.

088

DIE GÄSTE VERWÖHNEN

Wenn wir Gäste haben, sollen sie sich willkommen fühlen. Dazu gehört bei uns, dass wir sie mit einer gut gefüllten Küche und einer Auswahl an Unterhaltungsmöglichkeiten verwöhnen.

MENÜPLANUNG Fragen Sie vor dem Besuch nach, ob Ihre Gäste Nahrungs- oder Umweltallergien haben und was sie am liebsten essen, snacken und trinken. Stellen Sie in der Küche einen Korb mit Snacks und Obst auf, aus dem sich die Gäste bedienen können. Planen Sie das Abendessen im Voraus und kaufen Sie vor dem Besuch alles

ein. Hängen Sie den Speiseplan der Woche gut sichtbar in der Küche auf. So vermeiden Sie ungeahnte Probleme und Ihre Gäste können bei Bedarf auswärts essen, ohne unhöflich zu erscheinen. Je organisierter Sie sind, desto glatter wird Ihre Bewirtung ablaufen.

UNTERHALTUNG Besorgen Sie vom Fremdenverkehrsamt Informationsmaterial zu Veranstaltungen in Ihrer Umgebung. Da Sie nicht wissen, was Ihr Besuch unternehmen möchte, bereiten Sie sich am besten gut vor und bieten den Gästen auch die Möglichkeit, sich selbst zu informieren. Wenn Sie sich schon im Voraus schlau machen, können Sie Ihren Gästen eine Auswahl an Möglichkeiten anbieten.

089

GÄSTE AUF KLEINEM RAUM

Auch wenn Sie nicht viel Platz oder kein eigenes Gästezimmer haben, können Sie Ihren Besuch mit einem selbst zusammengestellten Gästekorb verwöhnen. Ihre Gäste werden sich auch auf dem Ausziehsofa wohlfühlen, wenn sie merken, dass Sie auf Besuch vorbereitet sind und sie gerne beherbergen.

Passen Sie die Liste für das Gästezimmer (siehe Nr. 086) an Ihr kleines Zuhause (und die Größe des Korbes) an. Legen Sie frische Bettwäsche, wichtige Hygieneartikel in Kleingrößen und (für alle Fälle) eine neue

Zahnbürste bereit. Wenn möglich, machen Sie einen Platz frei, an dem die Gäste ihre Sachen verstauen können – etwa einen Schrank oder eine Kommode –, oder stellen Sie einen Gepäckständer für die Koffer auf. Zur Not reicht auch ein Stuhl als Ablage für das Gepäck.

090

IMPROVISIERTER NACHTTISCH

In einer Einzimmerwohnung oder in einem kleinen Zuhause, wo die Gäste im Wohnzimmer schlafen, kann man nicht den Komfort eines richtigen Schlafzimmers bieten. Ein Gästekorb (siehe links) ist dennoch machbar, genauso wie ein Klapptisch, Stuhl oder ein Stapel großer Bücher als improvisierter Nachttisch. (Die Bücher mit einem Gürtel zusammenbinden oder in einen Karton stellen.) Dort können die Gäste dann über Nacht ihre Brillen oder Handys ablegen – und sind froh, dass Sie daran gedacht haben.

091

DAS PERFEKTE KINDERZIMMER

Das Einrichten des Kinderzimmers ist anders als bei den meisten Räumen. Hier liegt der Schwerpunkt auf Sicherheit, dann erst auf Komfort und Deko.

SICHERHEIT Den Raum kindersicher zu machen hat oberste Priorität. Die Methode passt sich dem Alter des Kindes an und am besten ziehen Sie einen Experten zu Rate. Zu Beginn reicht es aber, wenn Sie sich auf Kinderhöhe hinknien und nach scharfen Kanten suchen, die gepolstert gehören. Alle Möbel stabil verankern und überall, wo nötig, Schutzriegel und -gitter anbringen.

DAS PASSENDE LICHT Das Kinderzimmer ist Ort für viele wichtige Aktivitäten, die unterschiedliche Beleuchtung erfordern. Ein Dimmer ist praktisch, um schlafende Kinder nicht zu wecken, wenn man nachts nach ihnen sieht. Achten Sie auf ausreichende Beleuchtung neben Schaukelstuhl und Wickeltisch sowie darauf, dass sich Kabel immer außer Reichweite der Kinder befinden.

AUFBEWAHREN In großen Schubladen und Körben geht Kleinkram leicht verloren. Sortierfächer und Behälter in passenden Größen für die Kleidungsstücke schaffen Abhilfe.

PRAKTISCH DENKEN Wählen Sie erst das Bettzeug und die Vorhänge aus und stimmen Sie Wandfarben und Accessoires darauf ab.

092

ANTIKER SCHRANK FÜR DAS BABY

Ein alter Kleiderschrank mag ein sehr erwachsen wirkendes Möbelstück sein, das aber in einen perfekten Aufbewahrungsort für Babykleidung umgewandelt werden kann.

Ein alter Schrank ist ideal für Kinderzimmer ohne begehbaren Kleiderschrank – oder wenn der vorhandene Schrank viel zu groß für winzige Strampler ist. Man kann darin mehrere Reihen von Babykleidung aufhängen, etwa auf Zugstangen, da die kleinen Kleidungsstücke für gewöhnlich sehr leicht sind.

Man kann die Türen entfernen und den Schrank offen verwenden (und eventuell die Babysachen farblich sortieren) oder man lässt sie dran und hat ein überraschend elegantes Element im Kinderzimmer.

Unterschiedliche
Aufbewahrungsmöglich-
keiten passen sich den
Bedürfnissen des Kindes an.
Ein alter Schrank sieht bunt
lackiert wieder aus
wie neu.

094
EINE SPIELECKE EINRICHTEN

Die Interessen und Hobbys der Kinder sollten auch ihre anderen Bereiche im Haus beeinflussen. Spiel- und Lernecken, die ihre Interessen widerspiegeln, werden mehr geachtet – auch von Ihnen. Wenn Ihre Kinder noch klein sind und die meisten Zeit in Ihrer Nähe verbringen (etwa in der Küche oder im Heimbüro), lohnt es sich, in diesen Räumen eine Spielecke einzurichten. Besorgen Sie Behälter oder Kisten für einige Spielsachen, legen Sie einen bunten Teppich hin oder dekorieren Sie die Wand, um den Bereich abzugrenzen. So haben Ihre Kinder einen Platz zum Spielen, während Sie arbeiten, kochen oder anderes im Haus erledigen.

093 EIN FUNKTIONALES KINDERZIMMER

Sobald Ihr Kind kein Baby mehr ist, wird es seine eigene Meinung entwickeln. Beziehen Sie Ihre Kinder beim Einrichten ihrer Zimmer immer in alles mit ein – von der Planung bis zur Umsetzung. Sie sollen wissen, dass sie ein Mitspracherecht haben – was später beim Ordnunghalten einen großen Unterschied macht.

VORLIEBEN BEACHTEN Welche Hobbys haben Ihre Kinder? Womit verbringen sie ihre Freizeit? Beobachten Sie ihre Angewohnheiten und was sie motiviert. Wenn Sie wissen, was Ihre Kinder wirklich schätzen, gestalten Sie das Zimmer auf dieser Basis. Einen Ort, zu dem sie auch Bezug haben, halten Kinder viel lieber sauber.

WIE EIN KIND DENKEN Begeben Sie sich auf Augenhöhe Ihrer Kinder und achten Sie darauf, was sie sehen. Kommen sie an ihre Spielsachen und Bücher dran? Ist alles ihrem Alter angemessen beschriftet? (Für Leser sind Wörter okay, für Kleinkinder eignen sich Bilder oder Symbole.) Denken Sie beim Einrichten an Ihre Kinder.

PLATZ LASSEN Entfernen Sie alles, was nicht benutzt wird. Stellen Sie Möbel so auf, dass möglichst viel Platz auf dem Boden bleibt. Entfernen Sie alles, was den Raum optisch überladen wirken lässt.

ERFOLG FÖRDERN Entrümpeln Sie einmal im Monat alle Schränke, Schubladen und Spielsachen. Richten Sie im Kinderzimmer oder anderswo einen Bereich für Hausaufgaben ein (siehe Nr. 124). Halten Sie alles möglichst einfach. Weniger ist mehr. Hängen Sie einen (vom Kind ausgesuchten) Kalender über den Tisch, in den Ihre Kinder Termine für Projekte, Hausaufgaben und außerschulische Aktivitäten eintragen, die sie morgens und abends prüfen und abhaken sollen.

095

HERRSCHER DES KLEIDERSCHRANKS

Im Kleiderschrank sammeln sich Kleidungsstücke, Schuhe, Taschen und vieles mehr. Um die Ordnung zu wahren, sollte der Schrank entrümpelt und für die persönlichen Bedürfnisse optimiert werden. Ausmisten schafft wertvollen Platz und man erspart sich das Sortieren von Dingen, die man gar nicht mehr braucht.

AUSRÄUMEN Nehmen Sie sich die Zeit, den Schrank auszuräumen und alles zu sortieren.

SORTIEREN In vier Kategorien: „behalten", „flicken", „Müll", „spenden".

ZUORDNEN Alles hat seinen eigenen Platz. Was keinen hat, bekommt einen oder fliegt raus.

NUTZEN Zwei Stangen bieten mehr Platz zum Hängen. So machen es die Profis (rechts).

UMKEHREN Manche hängen Hosen auf die obere und Oberteile auf die untere Stange. Finden Sie heraus, was für Sie praktischer ist.

ABSTIMMEN Zusammenpassende Kleiderbügel sehen stimmiger aus.

MATRJOSCHKA Bewahren Sie Taschen ineinander auf.

LAGERN Saisonale Kleidung kann anderswo eingemottet werden.

REDUZIEREN Von doppelten Gegenständen den älteren ausrangieren.

ERSETZEN Nach der Regel „kommt etwas, geht etwas": Wird etwas Neues gekauft, spenden Sie etwas Altes.

096

SCHUHE EINMAL ANDERS PRÄSENTIERT

Schuhchaos ist besonders schwierig zu bändigen. Die Durchschnittsfrau besitzt weit über 20 Paar Schuhe! Aufbewahrungsmöglichkeiten gibt es aber genug: Schuhe können auch auf Regalen stehen, entweder in Schuhkartons oder fein säuberlich in Reihen aufgestellt. Transparente Plastikbehälter halten Staub fern und die Schuhe gut in Schuss. So eine Sammlung gehört gut behandelt!

097

JEDEN PLATZ NUTZEN

Wer wenig Platz hat, kann die oft übersehenen Bereiche im Haus zum Stauraum umfunktionieren. An Türen kann man Haken, Schuhbeutel oder Hängeregale anbringen. Auf Regalen unter der Decke kann man selten verwendete Gegenstände unterbringen und in dekorativen oder transparenten Behältern lagert man alles Mögliche ordentlich und zugänglich. Nutzen Sie freie Bereiche kreativ aus!

Profitipp

VERSCHENKEN

Stellen Sie einen Wäschekorb (mit einem Müllbeutel darin) für nicht mehr benötigte Kleidung in den Schrank. Ist der Korb voll, wird der Beutel gespendet.

098

LAGERN NACH JAHRESZEITEN

Mit dem Wechsel der Jahreszeiten werden die Badesachen und Strandkleider (oder die Schals und Mäntel) hervorgeholt. Wer keine geräumigen Schränke hat, muss saisonale Kleidung nach Bedarf wegräumen und Platz für Aktuelles machen. Nicht vergessen: Je sauberer und ordentlicher der Schrank, desto lieber holen Sie alles im nächsten Jahr wieder hervor.

SAUBER, KÜHL, DUNKEL, TROCKEN Diese vier Eigenschaften sollte der Lagerbereich aufweisen, um Ihre Kleidung zu schützen. Orte in der Nähe von Heizungen und Feuchtigkeit meiden, um Ausbleichen oder Schädlingsbefall vorzubeugen.

KREATIV LAGERN Unbenutzte Koffer oder auch die transparenten Tragetaschen von Bettdecken können zur Aufbewahrung dienen. Ähnliches zusammen lagern. Wenn Sie keinen Platz haben, um die Boxen oder Taschen zu verräumen, können Sie auch ein paar Boxen übereinanderstellen, mit einem bunten Tuch bedecken und als behelfsmäßigen Tisch verwenden.

HOLZTRUHE Eine gut schließende Truhe aus Zedernholz hält Textilschädlinge von Ihren Kleidern fern. Die Truhe mit säurefreiem Papier auszulegen hilft zusätzlich.

BESTE BEHÄLTER Alle Behälter sollten frei von Rissen oder Flecken sein, die Ihre Kleidung beschädigen könnten.

GRUPPEN BILDEN Für ein rasches Auspacken im nächsten Jahr legen Sie am besten alle Pullover in einen Behälter, alle Winterhosen in einen anderen, Mäntel in einen dritten usw. Sortieren Sie so Ihre gesamte Wintergarderobe, bis alles weggeräumt ist.

GUT ERREICHBAR Zwar soll die gelagerte Kleidung nicht im Weg sein, aber dennoch gut zugänglich, damit das Ausräumen im nächsten Jahr nicht zu mühsam wird. Praktisch sind zum Beispiel Aufbewahrungsbehälter, die man unter das Bett oder die Couch schieben kann.

099

NACH FARBE SORTIEREN

Die Schrankordnung ist nach dem Entrümpeln und Verstauen noch nicht komplett: Erst das Sortieren der Kleidung nach Farbe verleiht dem Schrank den letzten Feinschliff. Diese farbliche Sortierung sieht ästhetisch und ordentlich aus und hilft bei der Auswahl des täglichen Outfits. Alles ist leichter zu finden, besonders wenn Sie unbedingt noch diesen tollen blauen Pulli auftreiben müssen.

Profitipp

MOTTEN RAUS

Auch ohne Zederntruhe können Sie Tiere fern- und Ihre saisonale Kleidung frischhalten: Einfach ein Trocknertuch, Mottenkugeln oder ein paar kleine Zedernblöcke in die Behälter legen.

Toni sagt

Ginny Grover ist die Organisationsexpertin von organizinghomelife. com, wo sie tolle Bastel-, Deko- und Ordnungsprojekte für das ganze Haus vorstellt.

GINNY, ORGANIZING HOME LIFE

99 Mein Mann und ich haben ein 50 Jahre altes Haus gekauft, das wir seit einigen Jahren modernisieren. Die Einbauschränke im Schlafzimmer haben nicht viel Raum für Ordnung geboten: nur eine Stange, zwei hoch gelegene Fächer und viel ungenutzten Platz auf dem Boden. (Ach du Schande!) Zuvor hatte ich verschiedene Körbe verwendet, bis wir uns ein Organisationssystem für die Schränke leisten konnten. Vor dessen Entwurf haben wir unsere Anforderungen an die Schränke festgelegt.

Mein Mann trägt Anzüge und Hemden und besitzt nur wenige Schuhe. Ich hingegen besitze jede Menge Schuhe, lange Kleider, kürzere Oberteile und lange Hosen. Das neue Design passt genau zu unseren Bedürfnissen und kaum ein Fleckchen Platz ist ungenutzt. Die Schränke sehen immer noch genauso aus wie nach dem Einbau des Systems – weil es funktioniert. Wenn alles seinen Platz hat, legt man jedes Kleidungsstück wieder dahin zurück. Wir sind begeistert! **66**

VORHER

NACHHER

WOCHE 7
DIE KLEIDERSCHRANK-
Aufgabe

Ist Ihr Schlafzimmer erst einmal sauber und aufgeräumt, ist der Kleiderschrank an der Reihe. Mir kommt es vor, dieser Bereich hat immer Ordnung nötig. Weil so viel darin aufbewahrt wird, ist es schwer, ihn sauber zu halten. Es ist ein ständiger Kampf.

In unserem neuen Haus haben wir zum Glück einen riesigen begehbaren Schrank. In ihn passt viel Zeug, darum musste ich mir ein gutes Ordnungssystem ausdenken. Andernfalls würde die Unordnung schnell wieder Einzug halten. Ich habe alle Jeans und andere Hosen in den Schrank gehängt, ebenso die Oberteile (außer T-Shirts; ich bewahre meine T-Shirts noch in der Kommode auf, aber viele hängen sie lieber zusammen mit den Blusen in den Schrank).

Wenn Sie zu Hause statt eines großen Hauptschranks mehrere Schränke haben, können Sie auch alle in dieser Woche aufräumen. Die Kinder- und Wäscheschränke sind allerdings erst in den nächsten Wochen dran.

ARBEITSABLAUF

1. VORBEREITEN
Die üblichen vier Behälter besorgen und wie immer beschriften: „behalten", „Müll", „spenden" und „anderer Raum".

2. SORTIEREN UND AUSMISTEN
Gehen Sie alles im Schrank durch, nehmen Sie jedes Kleidungsstück heraus und sortieren es in die Behälter. Überdenken Sie jedes Teil, auch Taschen und Schuhe, falls Sie diese im Schrank aufbewahren. Wenn Sie es nicht mehr tragen, es nicht mehr passt oder Sie aus sentimentalen Gründen an alten, zerlumpten oder altmodischen Stücken hängen – jemand anderer hat vielleicht viel mehr davon als Sie. Legen Sie es in den Spendenbehälter. Das entrümpelt Ihren Schrank und macht dem Beschenkten eine Freude.

3. SAUBERMACHEN
Räumen Sie alles aus dem Schrank, bis nur noch der Boden, die Wände und die Einbauten zu sehen sind. Saugen oder wischen Sie die Böden, putzen Sie Türen und Griffe, wischen Sie die Regale und andere Flächen.

4. ORDNEN
Nun wird Ordnung gemacht. Hängen Sie die Kleidung sektionsweise auf: kurze Ärmel, lange Ärmel, Hosen, Röcke, Kleider usw. Wenn Sie besonders eifrig sind oder in Zukunft alles noch leichter finden möchten, sortieren Sie die Kleidung nach Farben. Ordnen Sie auch die Schuhe. Ist Ihr Schrank sehr klein, verwenden Sie Mehrfach-Kleiderbügel und ordnen Sie Kleidungsstücke nach Kategorie (elegante Oberteile, legere Oberteile usw. – alles, was sich dafür eignet).

100

KINDERSCHRÄNKE AUFRÄUMEN

Gewöhnen Sie sich an, die Schränke der Kinder einmal in der Woche aufzuräumen. Für uns ist dafür der Sonntagabend ideal: Eine neue Woche beginnt und beim Aufräumen sehen die Kinder, was sauber ist, was schmutzig ist und was sie nächste Woche anziehen wollen.

KLEIDERBÜGEL Alle leeren Kleiderbügel herausnehmen und in den Wäscheraum bringen. Wenn die Kleider gewaschen und wieder aufgehängt sind, die unbenutzten Bügel aus dem Schrank nehmen. Leere Bügel sorgen nur für Unordnung.

KATEGORIEN Kleidung in Kategorien sortieren und Ähnliches zusammen aufhängen. Herabgefallene Kleidung wieder aufhängen.

VERMISCHTES Ordnung in Schuhe und Accessoires bringen.

ZEUG Sportsachen in die Garage oder in den Schmutzraum bringen; Mäntel, Jacken und Wintersachen in den Schrank im Eingangsbereich.

SPENDEN Prüfen Sie oft, was an Kleidung, Schuhen und Accessoires noch benötigt wird, und verschenken Sie den Rest.

101

ORDNUNG FÜR KLEINE SCHUHE

Legen Sie einen Schuhbereich im Kinderschrank fest. Je nach Alter (und Größe) kann das ein Fach, ein Türregal oder ein Korb auf dem Boden sein. Es sollte nur genug Platz für alle Schuhe sein, die Kinder sollten sie jeden Tag verräumen und den Bereich einmal in der Woche aufräumen.

102

ACCESSOIRES AUFBEWAHREN

Gürtel, Taschen, Haarschmuck und Mützen liegen oft unordentlich im Schrank herum. Sortieren Sie alles in Körbe oder transparente Boxen, die Sie beschriften. Für Gürtel und Taschen kann man auch Haken an die Seitenwände im Schrank hängen. Es gibt auch eigene Hängeracks für Mützen. Halten Sie den Boden (bis auf einen Schuhkorb) frei, um Unordnung in Schach zu halten, und halten Sie im Schrank immer Ordnung.

103

SAISONALE KLEIDUNG RAUS

Räumen Sie alle saisonale Kleidung aus dem Schrank. Prüfen Sie bei jedem Kleidungsstück, ob es Ihr Kind noch trägt, die Größe und den Zustand. Beschriften Sie einen Behälter mit dem Namen des Kindes, den darin aufbewahrten Größen und der Jahreszeit. Waschen Sie alles und stellen Sie den Behälter ganz oben in den Schrank oder auf den Dachboden. Wenn etwas benötigt wird, wissen Sie, wo es ist. Und wenn nicht, geben Sie es weg.

Kinderkleidung ist kürzer und kleiner. Selbst in einem kleinen Schrank kann man oft zwei Kleiderstangen unterbringen.

WOCHE 8
DIE KINDERSCHRANK-
Aufgabe

Diese Woche nehmen wir uns die Schränke der Kinder vor. Wenn Sie keine Kinder haben, würden Sie jetzt vielleicht gerne eine Woche aussetzen, aber versuchen Sie lieber, den Schwung aufrechtzuerhalten, indem Sie einen anderen Schrank aufräumen.

Nach dem großen Kleiderschrank der letzten Woche sollte diese Aufgabe recht einfach sein, wobei es länger dauern kann, wenn Sie mehrere Kinder in unterschiedlichen Altersgruppen haben.

Sorgen Sie in jedem Kinderzimmer, dem dazugehörigen Schrank und allen Habseligkeiten nacheinander für Ordnung, sodass nichts durcheinandergebracht wird.

ARBEITSABLAUF

1. VORBEREITEN

Besorgen Sie fünf Behälter und beschriften Sie sie folgendermaßen: „passt jetzt", „größere Größen", „weggeben", „anderer Raum" und „Müll".

2. SORTIEREN UND LAGERN

Leeren Sie den ganzen Schrank und legen Sie alles aufs Bett. Sortieren Sie alles. Behalten Sie nur das, was Ihr Kind jetzt trägt oder bald tragen wird. Was noch nicht passt, in eine Tasche oder einen Korb legen und hoch oben lagern, damit Ihr Kind nicht darin herumwühlt. Nach dem Sortieren geben Sie alles, was Sie weggeben, in einen Müllbeutel, den Sie in Ihren Kofferraum legen. Der Behälter „anderer Raum" kommt fürs Erste in den Flur. Lassen Sie die Behälter mit der passenden Kleidung bei sich stehen.

3. SAUBERMACHEN

Räumen Sie den Schrank leer, bis nur noch Boden, Wände und Einbauten zu sehen sind. Die Böden saugen oder wischen, Türen und Türgriffe putzen, Regale und andere Flächen abwischen.

4. ORDNEN

Sortieren Sie Gegenstände, die man nicht aufhängen muss, in Körbe oder andere Behälter. Ordnen und beschriften Sie die Behälter nach dem Bedarf Ihres Kindes. Meine Kategorien sind: Tanzen, Turnen, Urlaub, Pyjamas und Sommer oder Winter (ich wechsle das Etikett an letzterem Behälter der Jahreszeit entsprechend aus). Spezielle Schuhregale ordnen und schützen die Schuhe. Kleidung, die aufgehängt wird, kann in Kategorien unterteilt (kurze Ärmel, lange Ärmel, Jacken usw.) und dann nach Farben sortiert werden. So sieht alles viel hübscher aus.

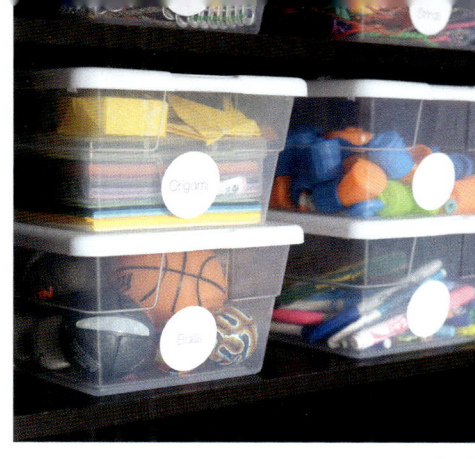

104
WÄSCHESCHRANK MIT SYSTEM

Im Idealfall ist Ihr Wäscheschrank in gut sichtbare und zugängliche Bereiche unterteilt. Ihn aufzuräumen ist zum Glück ein Kinderspiel.

STATUS QUO IM SCHRANK Begutachten Sie das aktuelle Ordnungssystem im Schrank. Herrscht Ordnung oder Chaos? Ist es für Sie effektiv? Das Einrichten eines funktionalen Systems wird Ihnen beim mühelosen Ordnunghalten helfen.

AUSRÄUMEN Leeren Sie den Schrank und fangen Sie wieder bei Null an. Räumen Sie Fächer, Schubladen und Böden frei. Saugen und wischen Sie Fächer, Wände und Leisten. Was Sie vom Inhalt nicht mehr verwenden, kommt weg.

HILFREICH BESCHRIFTEN Schreiben Sie Kategorien auf Etiketten oder Schildchen und bestimmen Sie einen Platz für die Wäsche, sodass alle Familienmitglieder wissen, wo sich alles befindet und wo es wieder hingehört. Das Beschriften sorgt auch für mehr Ordnung und eine bessere Nutzung des Platzes. Die folgenden Kategorien könnte man in einem Wäscheschrank finden:

- ☐ Handtücher: kleine Handtücher, Waschlappen und Badetücher
- ☐ Bettlaken: nach Matratzengröße sortiert
- ☐ Winterbettwäsche: Flanellbettwäsche, Heizdecken und dicke Winterdecken
- ☐ Überwurfdecken
- ☐ Steppdecken
- ☐ Kissen: Ersatz- und Gästekissen, Kissenbezüge
- ☐ Vorhänge: auch Duschvorhänge
- ☐ Tischwäsche

FALTEN WIE EIN PROFI Es gibt viele gute Faltmethoden, aber bleiben Sie bei einer. Falten Sie alle Handtücher und Bettwäsche auf dieselbe Art. So wird der Schrank optimal genutzt und sieht ordentlicher aus. Für alle, die am Falten von Spannbettlaken verzweifeln: siehe Nr. 105.

FARBEN ZUORDNEN Damit man immer weiß, wohin alles gehört, kann man die Wäsche für verschiedene Bereiche im Haus farblich unterteilen, etwa weiße Handtücher für Gäste und die grauen oder blauen für die Familie.

GRENZEN SETZEN Behalten Sie nur jeweils drei Wäschesets pro Bett sowie drei Handtücher und Waschlappen pro Person im Haushalt. Wählen Sie Ihre Favoriten aus und spenden oder entsorgen Sie den Rest.

105
FALTEN EINES SPANNBETTLAKENS

Ein Spannbettlaken zu falten ist leichter, als man denkt. Perfekt gelingt es auf einer flachen Unterlage, aber es klappt auch im Stehen. Zuerst jede Hand in eine Ecke stecken. Die Hände zusammenführen und eine Ecke über die andere ziehen, sodass sie ineinanderstecken. Das Gleiche mit den anderen beiden Ecken machen. Nun kann man das Laken normal falten. Voilà!

WOCHE 9
DIE WÄSCHESCHRANK-
Aufgabe

So viele Schränke! Mittlerweile sollten Sie einen Schrank auch im Schlaf organisieren können. Das ist die letzte Schrank-Aufgabe – nächste Woche geht es mit den Zimmern weiter. Wenn Sie keinen eigenen Wäschenschrank haben, ordnen Sie einfach den Bereich, in dem Sie Ihre Bettwäsche aufbewahren. Das kann auch nur ein Fach im Garderobenschrank oder eine Wäschebox mit Deckel in Ihrem Schlafzimmer sein. Machen Sie es so, wie es für Sie passt, aber bleiben Sie Ihrem System treu.

ARBEITSABLAUF

1. VORBEREITEN
Die üblichen Behälter: „behalten", „Müll", „spenden" und „anderer Raum".

2. AUSRÄUMEN
Leeren Sie den Bereich bis auf die letzte Wollmaus. Legen Sie alles auf Ihr Bett oder einen freien Tisch, weg vom Schrank. Wenn Sie alles in Wäschekörben durcheinandergeworfen zum Bett tragen müssen – tun Sie es. Bald wird ohnehin alles sortiert.

3. SAUBERMACHEN
Fächer auswischen, den Boden saugen oder wischen und die Tür sowie die Türgriffe putzen. Alles soll blitzblank sein und nach Zitronen duften (oder welchen Geruch Ihr Reiniger auch hat).

4. SORTIEREN UND AUSMISTEN
Sortieren Sie alles durch und behalten Sie nur, was Sie verwenden. Brauchen Sie wirklich vier Bettwäschesets für jedes Bett? Brauchen Sie 15 Kissenbezüge? Werfen Sie Unnötiges gnadenlos raus. Sie brauchen es nicht. Wenn Sie die Wäsche in dekorative Körbe ordnen wollen, beschriften Sie sie nach Ihrem persönlichen Bedarf. Ich habe je einen Korb für die Laken jedes Familienmitglieds, einen für Kissenbezüge und einen für Vorhänge. Auch Handtücher und Ähnliches können Sie im Wäscheschrank aufbewahren.

5. ORDNEN
Legen Sie ähnliche Gegenstände zusammen in die Körbe oder auf eigene Stapel. Alles, was nicht benötigt wird, haben Sie hoffentlich ausrangiert. Wenn Sie alles geordnet haben, stellen Sie die Körbe in den Wäscheschrank oder stellen Sie die Stapel in zusammenpassenden Gruppen in die Fächer. Wenn Sie keine Körbe verwenden, beschriften Sie die Fächer.

MASTER
Sheets

Curtains

Ein sauberes Bade-
zimmer wirkt einladend. Je
aufgeräumter es ist, desto
eher bleibt es auch so.

107
ALLES IN DER NÄHE

Für ein sauberes Badezimmer sollte alles in Reichweite sein: der WC-Reiniger neben der Toilette, der Badreiniger in der Dusche und der Abflussreiniger unter dem Waschbecken. Wenn alles in der Nähe ist, greift man eher danach.

106
BADEZIMMER TÄGLICH PUTZEN

Ordnung bedeutet nicht nur, die Schränke zu entrümpeln, sondern auch eine tägliche und wöchentliche Putzroutine zu etablieren. Gewöhnen Sie sich an, das Badezimmer jeden Morgen nach seiner Benutzung kurz zu säubern. Das dauert nur wenige Minuten und lohnt sich wirklich. Wenn Sie abends nach Hause kommen, wartet Ihr sauberes Badezimmer schon auf Sie – und lädt zu einem entspannenden Schaumbad ein. Die folgende Liste hilft Ihnen beim täglichen Saubermachen und Ordnunghalten.

WISCHEN Wischen Sie Flächen und Waschbecken jeden Tag ab. Rubbeln Sie Zahnpastaflecken und andere Spritzer weg und räumen Sie die herumliegenden Toilettenartikel auf.

SPRÜHEN UND ABZIEHEN Sprühen Sie direkt nach dem Duschen die Kabine mit einem Badreiniger ein, damit sich weder Seifenreste noch Kalk ansammeln können. Eine Glaskabine können Sie nach jedem Duschen mit einem Abzieher säubern.

TOILETTE SCHRUBBEN Verteilen Sie etwas Natron und Flüssigseife in der Schüssel und schrubben Sie kurz mit der Bürste durch. So können Ablagerungen gar nicht erst entstehen.

WÄSCHE Schmutzige Wäsche immer sofort in den Wäschekorb werfen.

MÜLL RAUS Im Badezimmer muss man nicht immer warten, bis der Mülleimer voll ist – er füllt sich langsamer, kann aber schmierigen oder sperrigen Müll enthalten, etwa klebrige Behälter.

108
MEHR FRISCHE MIT ÄTHERISCHEN ÖLEN

Einige Tropfen eines ätherischen Öls in eine Tasse mit Natron geben und hinter die Toilette stellen – das sorgt für duftende Frische. Man kann auch ein paar Tropfen in die Papprolle des Toilettenpapiers geben oder einen Tropfen in den Mülleimer, wenn man den Beutel wechselt. Ätherische Öle sind praktisch und viel besser als synthetische Duftstoffe. Mein persönlicher Lieblingsduft ist Lavendel.

109

EIN KLEINES BADEZIMMER OPTIMAL NUTZEN

In der feinen Gesellschaft galt es früher als unhöflich, über die „Toilette" zu sprechen. Stattdessen sprach man vom „kleinsten Raum des Hauses". In manchen Häusern und vor allem in Altbauwohnungen ist dieser Raum oft wirklich winzig. Wenn ein Umbau nicht möglich ist, sorgen schon kleine Veränderungen für große Wirkung.

DEN RAUM ÖFFNEN Ersetzen Sie den üblichen Waschtisch mit Unterschrank durch ein freistehendes oder an der Wand befestigtes Waschbecken, das nicht nur den Boden freier macht, sondern auch einen klaren, modernen Look bieten kann – wenn auch auf Kosten des Stauraums. In wirklich winzigen Räumen können Toilette und sogar die Badewanne durch schmälere Modelle ausgetauscht werden.

KLARHEIT Möglichst viele Glas- und Spiegelflächen einbauen. Statt einer blickdichten Duschkabine oder eines Duschvorhangs macht eine Glasscheibe einen großen Unterschied (und bringt Sie eher dazu, die Dusche blitzblank zu halten). Montieren Sie mehr Spiegel – aber lieber nicht gegenüber der Toilette.

WEG MIT DEN SCHRÄNKEN Offene Regale benötigen weniger Platz und Sie können auf ihnen Ihre farblich sortierten Handtücher präsentieren.

Weniger dekorative Hygieneartikel können Sie in Körben und Behältern verstecken.

AUSMISTEN Gehen Sie alle Gegenstände im Badezimmer durch: Was brauchen Sie wirklich? Seien Sie gnadenlos. Egal, wie teuer die Creme war, wenn Sie sie nicht benutzen, gehört sie weg. Prüfen Sie die Verfallsdaten und entsorgen Sie alles Abgelaufene.

ECKEN NUTZEN Winkel werden oft vernachlässigt, aber immer mehr Designer bieten das passende Zubehör dafür an. Regale, Wäschekörbe und sogar Waschbecken gibt es auch als Eckvarianten, damit Sie aus Ihrem Badezimmer noch etwas mehr Bodenfreiheit herausholen.

110

AUFBEWAHRUNG

In kleinen Badezimmern ist Stauraum kostbar. Überlegen Sie, was unbedingt dort bleiben muss und was auch im Wäscheschrank, im Flur oder in der Küche sein Dasein fristen kann. Und für alles, was ins Bad gehört, brauchen Sie eine kreative Lösung.

NUR EIN PAAR Bewahren Sie die Verpackungen von Wattestäbchen und Wattepads in einem Schrank auf und nur eine Handvoll davon im Badezimmer in kleinen Behältern.

NACH OBEN Bringen Sie über der Badezimmertür ein Regal an. Hier können weitere Badetücher aufbewahrt werden.

MEHR REGALE Schwebende Regale bieten zusätzliche Ablageflächen. Ein Duschregal, wie im Hotel, ist praktisch für Handtücher und Wesentliches. Farblich abgestimmte Handtücher tragen zur Atmosphäre bei. Spezielle Regale über der Toilette nutzen häufig vernachlässigten Platz. Und ein schmales Regal, etwa ein Gewürzregal, ist perfekt für Pflegeartikel.

LEITER Ein Leiterregal sieht interessant und modern aus und lässt viel Spielraum beim Anordnen der Gegenstände.

TÜREN NUTZEN Nutzen Sie alle Türen: Handtücher an die Badezimmertür hängen und den Haartrockner in den Badezimmerschrank.

HAKEN Für ein gemeinsam genutztes Badezimmer empfehlen sich Kleiderhaken statt eines Handtuchhalters.

111

LICHT UND FARBEN

Manche wählen bewusst dunkle, kräftige Farben für kleine Räume, aber wenn Sie möchten, dass der Raum größer wirkt, sind helle Farben mit wenigen kräftigeren Akzenten die Lösung. Handtücher und ein paar kleine Kunstobjekte können ein ruhiges Farbschema auflockern.

Tageslicht lässt einen Raum größer wirken. Wenn es kein Fenster gibt, ist eine Akzentbeleuchtung mit Tageslichtspektrum eine gute Alternative. Neue Lampen, etwa zwei Wandleuchten, die den Waschtisch flankieren, können einen großen Unterschied machen. Auch eine einzelne Leuchte können Sie mit etwas Neuem in dem Bereich dekorativ und persönlicher gestalten.

112
LIEBE ZUM DETAIL

Kleinigkeiten können aus einem Bad ein Wohlfühlerlebnis für den ganzen Körper machen. Achten Sie auf die Details – weil Sie es sich wert sind!

BESONDERES BADEZUBEHÖR Peelingschwämme und -handschuhe, Gesichtsmasken, Schaumbad, dreifach gemahlene Seife und Körperöle sind nur einige der Produkte, mit denen man sich im Bad verwöhnen kann. Auf einer Wannenbrücke hat man das Wichtigste in Reichweite.

ENTSPANNUNGSMUSIK Auf Online-Radiosendern findet man Entspannungsmusik von Deuter, Shajan oder Enya. Erstellen Sie eine Relax-Playlist und lassen Sie sich zumindest einmal die Woche beim Baden von meditativen Klängen verzaubern. Wasserdichte Bluetooth-Lautsprecher ermöglichen das sichere Streamen vom Handy aus.

DEKORATION Eine Orchidee, eine Kerze mit Lavendelduft und ein weißer Bademantel sorgen für eine ruhige Wellness-Atmosphäre. Solche Kleinigkeiten können ein gewöhnliches Badezimmer wirklich zu einer Wohlfühloase machen.

113
DAS BADEZIMMER ALS OASE DER ENTSPANNUNG

Eine Badeoase ist ein himmlischer Luxus, den jeder verdient. Hier sind ein paar Tipps, wie Sie Ihr Bad zur Oase machen. Egal, ob es klein oder groß ist oder ob Sie es mit jemandem teilen, der keinen Wert auf solchen Luxus legt.

ENTRÜMPELN Bevor die Verwandlung beginnen kann, gehört der Raum entrümpelt. Räumen Sie alles aus Fächern, Schubladen, Duschkabinen und Schränken sowie von Regalen und Flächen. Abgelaufene und leere Produkte wegwerfen, ebenso solche, die niemand benutzt. Weg mit dem Fläschchenchaos! Haben Sie in einem Wellnesshotel schon jemals so eine Unordnung gesehen?

ERNEUERN Alte, fadenscheinige Handtücher und Waschlappen müssen raus – ihre Zeit ist vorbei. In ein Spa gehören keine fleckigen, ausgebleichten Handtücher. Kaufen Sie neue. Es müssen keine teuren Handtücher sein; viele Diskonter bieten gute Marken günstig an. Alte Handtücher und Waschlappen können Sie als Putzlappen verwenden oder spenden. Tierheime suchen oft nach alten, aber sauberen Handtüchern zum Baden der Tiere.

ENTSPANNTE FARBWAHL Wenn Sie eine Farbe für die Wände Ihrer Oase aussuchen, meiden Sie kräftige, unruhige Farben. Diese eignen sich für manche Räume, aber nicht für ein entspannendes Wellness-Bad. Hier ist eine dezentere, beruhigendere Farbpalette gefragt.

114
WOHLIGE WÄRME

Nichts fühlt sich so luxuriös an wie ein frisches, vorgewärmtes Handtuch – außer vielleicht das Heraussteigen aus der Badewanne auf einen sanft beheizten Boden. Handtuchwärmer gibt es manchmal schon für unter 50 Euro zu kaufen und sie benötigen nicht viel Strom. Eine Fußbodenheizung ist ein größeres Projekt, aber wenn Sie ein guter Heimwerker sind (oder einen kennen), kann ein Heizsystem unter den Fliesen an einem Wochenende installiert werden. Im Baumarkt finden Sie Zubehör und alle weiteren Informationen zum Einbau.

115
EIN EIGENER WHIRLPOOL

Ein Whirlpool im eigenen Bad ist nicht für jeden machbar, aber es gibt günstige Alternativen, mit denen man jede Badewanne bei Bedarf in einen Whirlpool verwandeln kann. Suchen Sie nach Sprudelsystemen für die Badewanne – da Badeoasen immer beliebter werden, gibt es mittlerweile einige Optionen für den Heimbereich. Wenn Sie ohnehin renovieren, können Sie auch gleich eine Luxuswanne einbauen. Der einzige Nachteil? Sie werden sie nie wieder verlassen wollen.

116

ORDNUNG IN DEN BADSCHRÄNKEN

Der Badezimmerschrank dient bei Ihnen vielleicht auch als Wäscheschrank, bei mir werden darin nur Körperpflegeprodukte aufbewahrt. Solche Produkte können sich richtig ansammeln und verschwenden dann dringend benötigten Platz. Um Unnötiges auszumisten, räumen Sie erstmal alle Schränke aus. Entscheiden Sie, was Sie wirklich verwenden und behalten. Die folgenden Systeme helfen Ihnen dabei:

SCHRANKTÜR Die Schranktüren bieten wertvollen Platz. Hängen Sie Bademäntel oder Handtücher auf Klebehaken oder Türhänger. Es gibt auch textile Hängeregale für Schuhe, die man an die Tür hängt. Diese preiswerten Aufbewahrungslösungen sind auch praktisch für Flaschen, Reiniger und Bürsten.

BEHÄLTER Produkte kann man auch in beschrifteten Schuhkartons aufbewahren, etwa in folgenden Kategorien:

- ☐ Erste Hilfe
- ☐ Eisbeutel und Wärmekissen
- ☐ Maniküre und Pediküre
- ☐ Reisezubehör
- ☐ Zahnpflege
- ☐ Rasierzubehör
- ☐ Lotionen
- ☐ Watteprodukte
- ☐ Damenhygiene
- ☐ Haare (Spangen, Haargummis)
- ☐ Badezubehör

117 NATÜRLICHE REINIGER SELBST MACHEN

Schädliche Stoffe sind allgegenwärtig, aber zumindest im eigenen Heim kann man sie leicht reduzieren, wenn man sich nach Alternativen umsieht. Die folgenden natürlichen Reiniger zum Selbermachen decken jeden Bereich des Badezimmers ab und funktionieren genauso gut wie herkömmliche Reiniger – und Sie werden sich damit noch wohler fühlen!

WASCHBECKEN Etwas Natron im Waschbecken verteilen und mit einem nassen Schwamm schrubben. Oder 1 Tasse Essig, 2 Tassen Wasser und 10 Tropfen Zitronen- oder Lavendelöl mischen und als Allzweckreiniger verwenden. Essig aber nicht auf Naturstein verwenden (beachten Sie die Pflegehinweise des Herstellers).

DUSCHE Die Türen der Duschkabine mit einem essiggetränkten Tuch reinigen und mit einem trockenen Mikrofasertuch nachwischen. Für die Duschkabine einen nassen Schwamm mit ätherischem Öl und Natron abreiben, um Seifenreste zu lockern. Ein paar Tropfen Flüssigseife sorgt für zusätzliche Reinigungskraft. Mischen Sie 1 Tasse Essig, 2 Tassen Wasser, 1/2 Tasse Reinigungsalkohol, 10 Tropfen Pfefferminzöl und 10 Tropfen Orangenöl in einer Sprühflasche: ein duftender Reiniger für jeden Tag. Sprühen Sie die Dusche täglich ein, um Seifenrückstände zu vermeiden. (Fangen Sie mit dieser täglichen Routine auf einer sauberen Dusche an. Vorsicht bei Armaturen mit Ölschliff: Essig kann die Oberfläche angreifen.)

TOILETTE Etwas Natron in der Toilette verteilen, eine großzügige Menge Essig mit hohem Säuregehalt im WC-Becken versprühen und einige Minuten einwirken lassen. Mit der WC-Bürste nachschrubben. Auch ein alter Bimsstein wirkt hervorragend gegen Flecken in der Toilette.

Toni sagt

Nikki Boyd gibt fabelhafte Tipps rund ums Ordnen, Dekorieren, Basteln und Bewirten. Das und vieles mehr findet man auf athomewithnikki.com.

NIKKI, **AT HOME WITH NIKKI**

99 Unser Badezimmer war nicht sehr hochwertig ausgestattet und ihm fehlte der Charme. Als mein Mann und ich das Haus gekauft haben, wussten wir, dass das Badezimmer erneuert werden musste. Es war winzig, mit einer hohen Decke, keinem Stauraum und schlechtem Licht. Wir haben uns für eine hüfthohe Vertäfelung entschieden, die wir selbst angebracht haben. Zusammen mit einer grauen Wandfarbe wirkte der Raum sofort eleganter. Schwebende Regale gaben uns Stauraum und wir haben auch Lichtschalter, Leuchten und den Spiegel erneuert. Nun entspricht unser Badezimmer in Optik und Funktionalität ganz unserem Geschmack. 66

VORHER

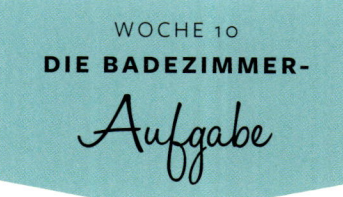

WOCHE 10
DIE BADEZIMMER-
Aufgabe

BADEZIMMER MÜSSTEN MEIST
eher geputzt als aufgeräumt werden, da sich dort nicht so viel Krimskrams ansammelt – außer natürlich in Form von Pflegeprodukten. In den Schubladen und Schränken unserer Badezimmer verstecken sich unzählige Gegenstände, die gründlich sortiert gehören – ob Make-up-Produkte, Frisierzubehör oder Verbandszeug. Ganz zu schweigen von den verschiedenen Shampoos, Spülungen, Haarfarben und anderen Körperpflegeprodukten, die sich hier ansammeln. Seien Sie beim Aussortieren gnadenlos. Niemand benötigt eine Sammlung aus Shampoopröbchen von sämtlichen Hotelaufenthalten der letzten Jahre.

ARBEITSABLAUF

1. VORBEREITEN
Besorgen Sie die üblichen Behälter: „behalten", „Müll", „spenden" und „anderer Raum". Im Badezimmer gibt es meist nicht viel für den „anderen Raum", aber vielleicht räumen Sie Ihre Arzneimittel um. Was davon noch verwendet wird, sollte trocken in der Küche gelagert werden (siehe Nr. 039). Was abgelaufen ist oder nicht mehr benötigt wird, sollte fachgerecht entsorgt werden (fragen Sie in der Apotheke – viele Medikamente gehören weder auf die Mülldeponie noch in die Toilette).

2. SORTIEREN UND AUSMISTEN
Gehen Sie alles durch: in den Schubladen und Schränken und auf den Flächen. Prüfen Sie jedes einzelne Bade- und Pflegeprodukt. Wenn Sie auch Make-up im Badezimmer aufbewahren, auch dieses. Überlegen Sie, was Sie wirklich noch verwenden oder was entsorgt werden kann. Das Gleiche machen Sie mit Haar- und Körperpflegeprodukten. Was das Spenden angeht: In Frauenhäusern werden oft Shampoos und Spülungen benötigt. Falls Sie also noch Hotelpröbchen oder andere ungeöffnete, nicht benötigte Produkte haben, könnten Sie sie spenden.

3. SAUBERMACHEN
Putzen Sie das Badezimmer gründlich. Schrubben Sie die Wanne, die Dusche, die Toilette, die Flächen, die Spiegel und die Schränke. Wischen Sie den Boden und waschen Sie Läufer, Vorhänge und dekorative Textilien.

4. ORDNEN
Gruppieren Sie ähnliche Produkte wo immer möglich in kleinen Behältern, Körben und auf Tabletts zusammen. Schubladenfächer oder -teiler sorgen für Ordnung bei Kleinkram.

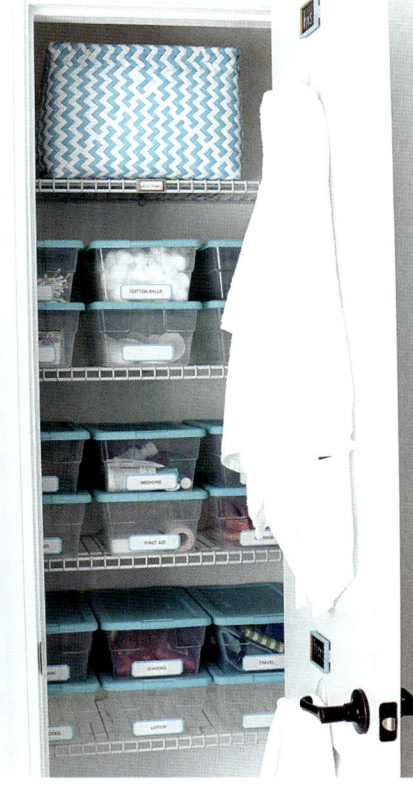

Arbeitsbereiche+ Garten

Ein Zuhause, das mit einigen grundlegenden Ordnungssystemen ausgestattet ist, funktioniert einfach besser. Im dritten Kapitel widmen wir uns dem Rest des Hauses. Ich gebe Ihnen ein paar Tipps zum Organisieren Ihres Heimbüros, unter anderem zur Vorbereitung auf die Steuererklärung, zur Einrichtung eines Ablagesystems und zum Ordnen und Strukturieren von Bastel- und Spielbereichen, Wäscheraum, Dachboden und Keller sowie dem Garten, einschließlich Veranda, Garage und Auto. Einige davon sind schwieriger in den Griff zu bekommen, aber wenn Sie das Chaos durch schlaue Lösungen bändigen, eliminieren Sie Stressfaktoren. Räumen, säubern, ordnen. Erfinden Sie Ihr Zuhause komplett neu. Ich glaube an Sie – tun Sie es auch!

Always keep your beautiful imagination & exquisite humor

118

DAS HEIMBÜRO IN BEREICHE AUFTEILEN

Das Heimbüro ist ein vielseitiger Arbeitsbereich, in dem man beispielsweise Rechnungen bezahlt, arbeitet oder Blogartikel schreibt. Da dort so viel passiert und man viel Zeit dort verbringt, sollte das Büro ein gut organisierter Raum sein, der auch so bleibt. Dazu kann man es in nützliche Bereiche aufteilen.

A. ARBEITSBEREICH Der Bereich um den Schreibtisch: Dazu gehören Computer, Lampe, Drucker, Steuermappe und die wichtigsten Unterlagen (die ohnehin nie lange genug in der Schublade bleiben würden, sodass man sie gar nicht erst wegräumen muss).

B. POSTBEREICH Sortieren Sie Ihre Post in eine Schublade in der Nähe des Arbeitsbereiches. Sie benötigt einen Behälter für eingehende und einen für ausgehende Post sowie Behälter für Briefmarken, Umschläge, Adressetiketten, Paketband, Briefwaage, Schreibmaterial und anderes Zubehör.

C. RECHNUNGSBEREICH Alles rund ums Bezahlen von Rechnungen: die Rechnungen selbst, Taschenrechner, Schecks, Haushaltsordner für Einnahmen und Ausgaben und ein Dokument mit Zugangsdaten.

D. AKTENBEREICH Hierhin gehört der Aktenschrank (Inbegriff eines organisierten Haushalts).

E. PLANUNGSBEREICH Der Bereich für Familienkalender, Terminplaner und Zubehör (Register, Sticker, Deko-Klebeband und Ähnliches).

F. BÜROBEDARF In diesem Bereich lagern Druckerpapier, Druckertinte, Kugelschreiber und Bleistifte, Heftklammern, Klebeband, Schnellhefter, Etikettiergerät und Etiketten sowie anderes Bürozubehör.

G. BÜCHERBEREICH Auch wenn Sie anderswo im Haus Bücherregale haben, passen manche Bücher eher ins Büro (persönliche Finanzen, Haushaltsplanung, vielleicht auch dieses Buch).

H. SCHULBEREICH Hierhin kommt jeglicher Papierkram für die Schule. Er kann auch ein Bereich für Hausaufgaben sein (siehe Nr. 124).

119

PAPIERCHAOS BÄNDIGEN

Papierchaos ist das Hauptproblem in vielen Heimbüros und seine Bewältigung erzeugt Grauen. Ist jedoch eine Grundordnung hergestellt, hält man das Chaos leicht in Schach. Ordnen Sie eingehenden Papierkram täglich mit einem systematischen Ablauf. Immer wenn neue Post ins Haus flattert, gehen Sie folgendermaßen vor:

UNERWÜNSCHTE POST Sofort zum Altpapier oder in den Reißwolf geben, damit sich nichts ansammelt. Alles Unerwünschte ist Müll.

RECHNUNGEN Entweder sofort bezahlen oder in eine eigene Rechnungsablage geben.

ANDENKEN Papiere mit Erinnerungswert kann man in einer eigenen Box verwahren (siehe Nr. 120).

SCHULE Papierkram aus der Schule kann Ihr Heim überfluten. Nehmen Sie sich daher jeden Nachmittag fünf Minuten Zeit, wenn die Kinder zu Hause sind, und gehen Sie die Schultaschen durch. Kümmern Sie sich um alles Nötige, entsorgen Sie Müll, verwahren Sie Kunstwerke (siehe Nr. 120) und animieren Sie die Kinder dazu, mit den Hausaufgaben zu beginnen.

ZEITSCHRIFTEN UND ZEITUNGEN Behalten Sie nur die aktuellsten Zeitschriften. Geben Sie die Tageszeitung nach dem Lesen in einen eigenen Papierkorb. Wenn Sie keine Zeit zum Lesen haben – ab zum Altpapier damit; die Nachrichten sind Schnee von gestern. Kommt eine neue Zeitschrift mit der Post, entsorgen Sie die alte Ausgabe.

WICHTIGES Alles, worum Sie sich kümmern müssen (etwa Einladungen zu einer Hochzeit oder Party), kommt in einen Ordner für Wichtiges. Gehen Sie ihn ein- bis zweimal die Woche durch und erledigen Sie, was getan werden muss.

ORDNEN Wichtiges, das abgeheftet werden muss, kommt in einen eigenen Ordner – wenn Sie es nicht sofort abheften können. Ordnen Sie einmal die Woche alles dort ein, wohin es gehört.

120

EINE BOX FÜR ANDENKEN

Wer Kinder hat, hat meist auch haufenweise Zeichnungen, Papiere, Bilder und Andenken zu Hause herumfliegen. Am liebsten würde man alle Erinnerungen einfach zusammenpacken und für immer in Ehren halten, aber oft ist es schwierig, die Übersicht zu bewahren. Darum lohnt sich ein gut organisiertes System, das beim ordentlichen Sortieren der Andenken hilft. So können Sie in Zukunft mühelos in Erinnerungen schwelgen – und die denkwürdigsten Stücke gehen nicht in der Unordnung verloren. Besorgen Sie das benötigte Zubehör und passen Sie die Kategorien an Ihre Familie an.

MAN BENÖTIGT:

- ☐ große Aufbewahrungsboxen mit Deckel (eine pro Kind)
- ☐ Hängeregister
- ☐ Etikettiergerät (um Etiketten für die Register zu estellen)

KATEGORIEN

- ☐ Geburtstagskarten
- ☐ Zeugnisse
- ☐ Zeichnungen
- ☐ Schulfotos
- ☐ Kleinkind
- ☐ Vorschule
- ☐ Schule (ein Register für jedes Schuljahr)
- ☐ akademische Auszeichnungen
- ☐ sportliche Auszeichnungen
- ☐ Tanzen/Turnen (andere Hobbys/außerschulische Tätigkeiten)
- ☐ Sport
- ☐ Theater
- ☐ verschiedene Auszeichnungen

121
DOKUMENTE ORDNEN

Wenn Sie gerne Papiere durchblättern und einordnen, werden Sie ein gut organisiertes Ablagesystem zu schätzen wissen. Wenn Sie lieber mit digitalen Archiven arbeiten und einen Scanner besitzen, sind Ordner am Computer die bessere Lösung. Wofür Sie sich auch entscheiden, kümmern Sie sich um Papierkram direkt, wenn er ins Haus flattert. Prüfen Sie alle Unterlagen und Zahlen auf ihre Richtigkeit. Schreddern Sie alles, worauf Sie digitalen Zugriff haben, und heften Sie ab, was Sie behalten möchten. Richten Sie ein Ablagesystem aus farblich sortierten Hängeordnern ein (siehe Nr. 122) und bewahren Sie die Ordnung, indem Sie nicht mehr benötigte Dokumente einmal im Jahr ausmisten (am besten vor der Steuererklärung).

122
ALLES NACH SYSTEM

Das Ablagesystem Ihres Haushalts wird alles umfassen, was sich dort so ansammelt. Ich empfehle die folgenden farblich gekennzeichneten Ablagebereiche. Passen Sie die Kategorien an Ihre Familie und Ihre Bedürfnisse an.

BANK & BEZAHLEN: *GRÜN*

Ich empfehle Online-Banking und elektronische Kontoauszüge. Wenn Sie das nicht verwenden, verwalten Sie stattdessen Dokumente aus Papier. Geben Sie Rechnungen und Bankunterlagen in grüne Ordner mit den folgenden Unterordnern:

- ☐ alle Rechnungen (Buchhaltung)
- ☐ Monatsordner für bezahlte Rechnungen (Januar–Dezember)
- ☐ ein Ordner für jedes Kreditkartenunternehmen
- ☐ ein Ordner für jeden Kredit (z. B. Auto, Hypothek)
- ☐ Bezahltes (Dokumente zu abbezahlten Krediten und getätigten Käufen)
- ☐ ein Ordner für jedes Giro- und Sparkonto

STEUERN & EINKOMMEN: *ORANGE*

Fragen Sie beim Finanzamt nach, wie lange Sie Dokumente zu Steuer und Einkommen aufbewahren müssen. Ordnen Sie die Dokumente in die folgenden orangen Unterordner:

- ☐ alle steuerlich relevanten Unterlagen des laufenden Jahres (je ein Ordner für: Abzüge, Spenden, Büroaufwand, Reisekosten usw.)
- ☐ alle beruflichen Ordner (einen für jeden Job)
- ☐ Jahressteuer-Unterlagen (ein Ordner für jedes Jahr)
- ☐ Rentenvorsorge (private Rentenversicherung u. a.)

ÄRZTE: *ROT*
In den roten Ordner kommen alle Gesundheitsdokumente für Mensch und Tier:

- ☐ Arztrechnungen (bezahlt)
- ☐ Krankenversicherung
- ☐ einen Arzt- und Zahnarztordner für jedes Familienmitglied
- ☐ ärztliche Rezepte
- ☐ Tierarzt (ein Ordner für jedes Haustier)

HAUS & AUTO: *GELB*
In den gelben Ordnern verwalten Sie Unterlagen zu Haus/Wohnung und Auto(s):

- ☐ Hausrat und Haftpflicht
- ☐ KFZ-Versicherung
- ☐ Unterlagen zum Haus, in dem Sie wohnen
- ☐ Eigentümerverband
- ☐ Garantieurkunden für das Haus
- ☐ ein Ordner für jedes Auto
- ☐ Dienstleister (je ein Ordner: Anstrich, Garten, Pool und andere Arbeiten)

MITGLIEDSCHAFTEN, SCHULE, URLAUB & ANDERES: *BLAU*
Jede der folgenden Kategorien bekommt einen eigenen blauen Ordner:

- ☐ Schulen und Universitäten
- ☐ Vereine oder Mitgliedschaften (Jugendorganisationen, Zoo, Fitnessstudio usw.)
- ☐ häufige Reiseziele (Hotelbelege, Aktivitäten, Reiseführer usw.)
- ☐ Automobilclub, Einkaufs- und Hotel-Bonusprogramme und andere Mitgliedschaften
- ☐ alle zusätzlich benötigten Kategorien

123

AUF DIE STEUER VORBEREITEN

Zeit für die Steuererklärung? Was nehmen Sie mit zu Ihrem Steuerberater? Das hängt zum Großteil davon ab, wo Sie leben und was Sie arbeiten. So könnte eine Checkliste aussehen:

PERSÖNLICHE DATEN

- [ ] steuerliche Identifikationsnummer/Steuernummer, Sozial- oder Rentenversicherungsnummer
- [ ] Wohnadresse, zuständiges Finanzamt
- [ ] Kinder und Ehepartner (vollständiger Name, Geburtsdatum, steuerliche Identifikationsnummer/Sozialversicherungsnummer)

DOKUMENTE

- [ ] Lohnsteuerbescheinigung für alle Jobs des Steuerjahres
- [ ] Dokumente für alle anderen Einkünfte, unter anderem Einkünfte aus Kapitalerträgen, Zinsen, Kreditkarten oder elektronischen Bezahlsystemen, Renten, Sozialversicherung, verkaufte oder vermietete Immobilien, Arbeitslosengeld, Steuererstattung, und Gewinne
- [ ] getätigte Zahlungen (Grundsteuer, Kreditrückzahlung)
- [ ] Krankenversicherung
- [ ] Einkommen oder Zinserträge aus Sparguthaben oder Kapitalanlagen
- [ ] Steuererklärung und Steuerbescheid des Vorjahres
- [ ] Bankverbindung

ABZÜGE

- [ ] Ausbildungskosten, einschließlich Stipendien und datierte Quittungen für berufliche Fortbildung
- [ ] Kinderbetreuungskosten, einschließlich Daten der Betreuungseinrichtung
- [ ] Ausgaben und Aktivposten bei Selbstständigen
- [ ] Werbungskosten, einschließlich Fahrtkosten, Dienstreisen, Rechnungen für Arbeitsmittel, Aufwendungen für das Arbeitszimmer, Kursgebühren
- [ ] Spenden – eine genaue Liste aller Spenden sowie die dazugehörigen Quittungen
- [ ] bezahlte KFZ-Haftpflichtversicherung, Versicherungspolicen für jedes Auto, gefahrene Kilometer zu privaten oder beruflich Zwecken (schreiben Sie alle beruflich gefahrenen Kilometer genau auf)
- [ ] Unterlagen zu Immobilien, einschließlich Kauf- und Darlehensverträge, bezahlte Grundsteuer, Grundsteuerbescheid für das Steuerjahr
- [ ] Policen zu Privatversicherungen, einschließlich Renten-, Lebens-, Unfall- und Krankenversicherung
- [ ] Umzugskosten

- [ ] Unterhaltszahlungen, einschließlich persönliche Daten des geschiedenen Ehepartners
- [ ] Krankheitskosten (Arzt- und Apothekenrechnungen, Kuraufenthalt, Zahnersatz, Brille)
- [ ] energiesparende Sanierung des Eigenheims
- [ ] ausländische Steuern, ausländische Kapitalerträge
- [ ] Kaufverträge und Unterlagen zu Haus oder Wohnung
- [ ] Begräbniskosten, Verluste durch Diebstahl
- [ ] Steuerberatungshonorar des letzten Jahres

Diese Liste ist nur eine grobe Übersicht gängiger Abzüge und Unterlagen. Informieren Sie sich immer beim zuständigen Finanzamt oder prüfen Sie die komplette Liste aller Unterlagen im Internet (Website des Bundesministeriums für Finanzen).

DOKUMENTIEREN

Verwenden Sie Schnellhefter (für die genannten Kategorien), um während des Jahres alles für die Steuer abzuheften. Geben Sie alles in eine tragbare Aktenbox in Reichweite Ihres Arbeitsbereichs. Kann man die Box immer sehen, denkt man eher daran, Papiere sofort abzuheften.

Ungenutzte Plätze,
etwa an den Seiten von
Schränken oder unter
Schreibtischen, warten nur
auf ihren Einsatz.
Statt Nägel einzuschlagen,
einfach Klebehaken
anbringen.

WOCHE 11
DIE BÜRO-
Aufgabe

Arbeitsbereiche sind manchmal schwierig zu ordnen, da man dabei haufenweise Papierkram sortieren muss, aber der Aufwand lohnt sich. Wenn Sie kein eigenes Heimbüro haben, räumen Sie einfach den Bereich auf, in dem Sie Ihre Papiere, Unterlagen, wichtigen Dokumente, Post und Ähnliches aufbewahren.

ARBEITSABLAUF

1. VORBEREITEN
Diesmal sind es sechs große Behälter, die Sie folgendermaßen beschriften: „schreddern", „abheften", „Müll", „spenden", „behalten", „anderer Raum".

2. DEN PAPIERKRAM SORTIEREN
Nehmen Sie sich mindestens zwei Stunden Zeit dafür und gehen Sie alles durch. Jedes Papier in einen der folgenden Behälter legen: „schreddern", „abheften" oder „Müll". Noch wird nicht geordnet, nur sortiert.

3. ALLES ANDERE SORTIEREN
Gehen Sie alles andere im Arbeitsbereich durch. Wenn es nicht dorthin gehört, in den Behälter „anderer Raum" legen. Zum Schluss sollte sich außer den Möbeln und den Elektrogeräten alles in den Behältern befinden.

4. SAUBERMACHEN
Den Bereich gründlich reinigen. Schreibtisch, Regale und (vorsichtig) elektronische Geräte abwischen. Dann den Boden saugen und aufwischen. Schränke, Fenster, Türen, Türschnallen und Lampen nicht vergessen.

5. ABHEFTEN
Nun wird der Papierkram in ein Ordnungssystem abgeheftet. Meiner Erfahrung zufolge werden rund 50 % aller angesammelten Papiere nicht mehr benötigt. Fragen Sie sich bei jedem Papier:

☐ Muss ich das aufbewahren? (Steuerunterlagen, Geburtsurkunden u. Ä.)

☐ Werde ich das in Zukunft noch brauchen?

☐ Habe ich schon einen Platz dafür?

☐ Muss ich das Papier selbst verwahren oder kann ich es auch einscannen und auf einer Festplatte oder in der Cloud speichern?

Können Sie alle vier Fragen mit „nein" beantworten, werfen Sie das Papier weg. Scannen Sie alles ein, das Sie noch benötigen, aber nicht unbedingt in Papierform, und schreddern Sie alles, was persönliche Daten enthält.

6. ORDNEN
Richten Sie einen Postbereich ein, um nach all dieser Arbeit den eingehenden Papierkram gleich sortieren zu können. Ordnen Sie dann alles nach Kategorien und vorzugsweise in Behälter, Büro-Organizer und Ablagesysteme, damit die Ordnung auch bleibt. Mögliche Kategorien: Bücher, Schreibwaren, Bürozubehör (Büroklammern, Haftnotizen, Druckerpatronen usw.).

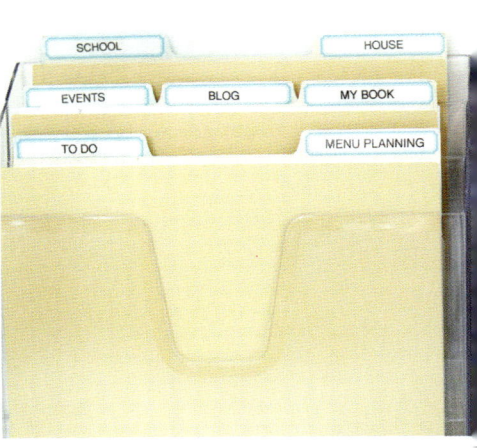

SCHOOL HOUSE

EVENTS BLOG MY BOOK

TO DO MENU PLANNING

Always keep your beautiful imagination & exquisite humor.

DECOR GARDENING HEALTH

Ein wenig genutzter Schrank kann in einen Bereich für Hausaufgaben umgewandelt werden: Türen entfernen, Wände mit Tafelfarbe lackieren – fertig!

SCHULORDNER

Nehmen Sie sich zehn Minuten Zeit, um einen Eltern-Schulordner zu erstellen. Darin sammeln Sie wichtige Unterlagen für die Schule. Machen Sie Register für folgende Kategorien:

- ☐ Kalender des Schuljahres
- ☐ Angaben zur Schule (Adresse, Telefonnummer, Schulleitung usw.)
- ☐ Angaben zu den Lehrern (Name und Kontaktdaten, Telefonnummer, E-Mail-Adresse usw.)
- ☐ Speisepläne
- ☐ Stundenpläne
- ☐ Busfahrpläne
- ☐ Entschuldigungen
- ☐ Schul- und Hausordnungen

124

EIN EIGENER BEREICH FÜR HAUSAUFGABEN

Für Kinder im Schulalter ist ein eigener Bereich für die Hausaufgaben eine praktische Sache. So können sie bequem und ungestört ihre Schulaufgaben machen, für Klassenarbeiten lernen oder an Projekten basteln und haben alles Nötige in Reichweite. Der Bereich sollte weit genug von Ablenkungen (etwa dem Fernseher) und lauten Bereichen entfernt sein.

MAN BENÖTIGT:

- ☐ Schreibtisch und Stuhl
- ☐ eine Lampe
- ☐ Computer und Drucker
- ☐ Taschenrechner
- ☐ Lineal
- ☐ Kalender zum Aufhängen
- ☐ Bastelzubehör (in einem eigenen Behälter)
- ☐ Schulsachen (siehe Liste)

SCHULSACHEN

- ☐ Textmarker
- ☐ Füllfedern, Kugelschreiber, Bleistifte
- ☐ Papier in einer Aufbewahrungsbox (kariert, liniert, Tonpapier, Druckerpapier, Zeichenpapier)
- ☐ Fineliner, Buntstifte, Wachsmalstifte
- ☐ Klebstoff
- ☐ Schere
- ☐ Winkelmesser, Geodreieck

Stellen Sie den Tisch an eine Wand oder unter ein Fenster. Wichtig sind gutes Licht, eine stabile, flache Schreibfläche, Steckdosen für elektronische Geräte und ein Boden, auf dem sich der Stuhl gut bewegen lässt. Ein paar kleine Fächerregale, Ablagen und stapelbare Federmäppchen fassen Zubehör und sorgen für Ordnung.

Bei passender Küche kann man auch dort eine ruhige Ecke für die Hausaufgaben einrichten. So können Sie, während Sie kochen, die Nutzung des Computers und den Fortschritt bei den Hausaufgaben im Auge behalten.

125

KAFFEEBEREICH FÜR DAS HEIMBÜRO

Wenn Sie von zu Hause aus arbeiten, verbringen Sie viel Zeit in Ihrem Büro. Ein eigener Kaffeebereich ist praktisch und macht Spaß – glauben Sie mir. Sie können dafür einen hübschen alten oder neuen Servierwagen verwenden.

MAN BENÖTIGT:

- ☐ Geschirr- oder Küchentücher, falls etwas verschüttet wird
- ☐ Kaffeemaschine (für Kapseln oder Pads)
- ☐ Holzstäbchen oder Löffel
- ☐ Zucker und Kaffeesahne oder was immer Sie bevorzugen
- ☐ Aromasirupe
- ☐ Kaffepads oder -kapseln
- ☐ Tassen oder Plastikbecher
- ☐ Wasserflaschen, Saft, Tee und andere unverderbliche Getränke

126

EINE EIGENE BIBLIOTHEK

Für alle Leseratten ist die eigene Bibliothek ein wahrgewordener Traum. Dafür benötigt man nicht unbedingt ein eigenes Zimmer. Es genügen eine Ecke im Büro (oder im Wohnzimmer oder sogar im Flur), ein paar Möbel und Ihre Lieblingsbücher. Stellen Sie zwei oder mehr zusammenpassende Bücherregale an einen freien Platz an der Wand, hinter ein Sofa oder in eine Ecke oder bringen Sie ein paar Schweberegale an. Daneben kommt Ihr bequemster Sessel neben eine helle, punktuelle Stehlampe oder ein kleiner Tisch und ein paar Stühle als Arbeitsbereich. Bei knappem Platz kann man auch im Flur schmale Regale und einen Fenstersitz anbringen – eine platzsparende Option in einem wenig genutzten Bereich. Und nun klassifizieren Sie Ihre Bibliotheksbestände!

127

BASTELZUBEHÖR AUFBEWAHREN

Bastelzubehör ist schwer zu ordnen und noch schwerer ist es, eine Ordnung beizubehalten. Wenn Sie einen eigenen Bastelraum haben, ist das schon die halbe Miete – denn Sie haben Platz für Ihre Utensilien. Trotzdem gibt es noch Haufen von Bastelpapier, Garn, Schnittmustern, Künstlerbedarf oder Stoffresten. Bringen Sie Ordnung in Ihre Materialien, indem Sie alles entsorgen, was Sie nicht mehr verwenden, und unterteilen Sie den Rest in Kategorien. Ob Sie einen ganzen Raum oder nur einen Schrank dafür haben, das Ordnungssystem ist dasselbe.

PUTZEN UND ENTRÜMPELN Räumen Sie den Bereich zuerst komplett aus. Entsorgen Sie dabei alles, was Sie nicht mehr benötigen. Müll braucht keine Ordnung – er gehört weg. Ist der Bereich frei, machen Sie ihn gründlich sauber.

BESCHRIFTEN UND ORDNEN
Nach dem Saubermachen wird das Ordnungssystem erstellt. Es gibt viele Möglichkeiten, einen Bastelbereich zu organisieren. Machen Sie es so, wie es für Sie am besten passt. Verwenden Sie Körbe, Plastikboxen, Weckgläser, Keksdosen, Aktenschränke, Zeitungsständer oder was auch immer Ihnen gefällt. Hauptsache, alles hat einen Behälter. Stellen Sie die leeren Behälter auf Regale, in Schubladen und in Schränke. Auf jeden Behälter kommt ein Etikett, auf das Sie seinen zukünftigen Inhalt schreiben.

ENTSORGEN UND EINRÄUMEN
Sind die Kategorien und Behälter an ihren Plätzen, räumen Sie Ihr Bastelzubehör ein. Entsorgen Sie dabei noch alles Unnötige, das Sie anfangs übersehen haben.

128

EIN BEREICH ZUM VERPACKEN VON GESCHENKEN

Falls Sie den Platz dafür haben (und gerne Geschenke machen), lohnt sich ein eigener Bereich zum Verpacken von Geschenken, ob im Bastelraum oder im Heimbüro. Denken Sie an Weihnachten, Hochzeiten, Babypartys und, wenn Sie Kinder haben, an zahllose Geburtstage und Feste, auf die Ihre Kinder im Lauf der Jahre eingeladen werden. Da kommt einiges zusammen. Wer darauf vorbereitet ist, erspart sich Zeit, Geld und Stress – und das Einpacken macht mehr Spaß. Der Bereich ist auch schnell eingerichtet.

Suchen Sie zuerst einen Platz dafür aus. Er muss nicht groß sein und auch nicht für immer. Er könnte in einem

Schrank oder auf einer Kommode mit einer freien Schublade sein. Man kann auch eine tragbare Geschenke-Station in einige flache Boxen unter dem Bett packen oder einen freien Tisch in der Garage oder im Keller nutzen (wo man vor neugierigen Augen sicher ist). Besorgen Sie sich dann einige transparente Plastikbehälter und beschriften Sie sie mit folgenden Kategorien:

- ☐ Bänder und Schleifen (eventuell mehrere Behälter, da Schleifen erstaunlich viel Platz brauchen)
- ☐ Klebeband, Schere, Klebstoff
- ☐ Stifte und Marker
- ☐ Grußkarten (sortieren: Geburtstag, Trauer, Hochzeit, Jahrestag, Weihnachten, Blanko usw.)
- ☐ Geschenktüten
- ☐ Seidenpapier

Lagern Sie die Geschenkpapierrollen in einer Schublade, einer schmalen Plastiktonne oder einer Plastikbox. Ein freier Mülleimer, Korb oder Schirmständer geht auch. Stellen Sie ihn in eine Ecke in Ihrem Bereich. Geschenkkartons und -tüten benötigen auch größere Behälter oder passen vielleicht mit in den Behälter des Geschenkpapiers. Finden Sie eine passende Lösung.

Toni sagt

Neat Method ist ein Organisationsunternehmen für Wohnräume in den USA. Um mehr darüber zu erfahren, besuchen Sie neatmethod.com.

MOLLY & ASHLEY, NEAT METHOD

99 Bastelschränke sind schwierig zu ordnen, da sie so viele verschiedene (große und kleine) Gegenstände enthalten, deren Aufbewahrung den kreativen Fluss nicht stören darf. In diesem Beispiel gab es zwar viel Platz, aber kein System, nach dem die Utensilien eingeräumt waren. Darum haben wir beschlossen, bei Null anzufangen und alles auszuräumen. Eine besondere Hürde: Wir durften keine Löcher in die Wände bohren. Also haben wir Regale in die Einbauschränke gestellt. Das Geheimnis eines perfekten Bastelbereichs ist eine Aufbewahrungsart, bei der man alles gut im Blick hat – was dazu animiert, alle Materialien zu verwenden. Am besten gefiel uns an diesem Projekt die Idee mit den Einmachgläsern für die Perlen. Man sieht die Perlen und das Resultat sieht richtig ansprechend aus. **66**

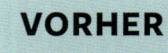

VORHER

NACHHER

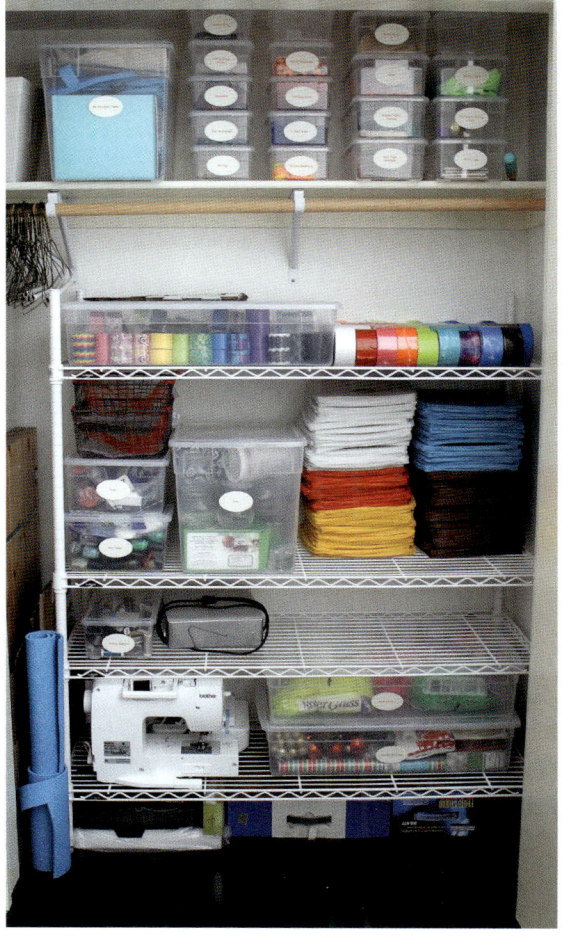

129
HEIMBÜRO IM KLEINFORMAT

Selbst in der winzigsten Bude findet eine kreative Problemlöserin einen Arbeitsplatz. Überlegen Sie, was Sie brauchen: Wollen Sie den Bereich für Banking und E-Mails nutzen oder von zu Hause aus arbeiten? Für Ersteres benötigen Sie viel weniger Platz, aber alles ist möglich. Hier ein paar Denkanstöße:

GAST SEIN Richten Sie Ihr Büro im Gästezimmer ein – aber nur mit dem Nötigsten, damit man für Gäste alles schnell wegräumen kann.

IN DIE ECKE Selbst die kleinste Wohnung hat irgendwo eine freie Ecke. Dort kann man einen kleinen Tisch hinstellen und den vertikalen Stauraum nutzen (Hänge- und Schweberegale), damit mehr Bodenfläche frei bleibt.

IN DEN FLUR Ein Flur, der lang und nicht zu schmal ist, beherbergt vielleicht einen schmalen Tisch und einige Aufbewahrungsbehälter. Der Stuhl ist noch am ehesten im Weg, also am besten einen gut versteckbaren Stuhl nehmen oder bei Bedarf einen aus der Küche holen.

NISCHENFLUCHT In manchen Häusern gibt es Mauernischen, in die ein kleiner Tisch und etwas vertikaler Stauraum passen. Wird der Bereich nicht genutzt, einfach einen Vorhang davorziehen.

IM SCHRANK Man kann auch eine eigene, mit Türen verschließbare Nische basteln: einfach die Kleiderstange eines Schranks entfernen.

Profitipp

BÜRO AUF ROLLEN

Ein Rollschrank in Holzoptik eignet sich als mobiles Büro. Man kann darin Bürobedarf aufbewahren und die Fläche als Tisch nutzen. Dann wieder alles verstauen und ins Wohnzimmer zurückrollen, wo der Schrank als Beistelltisch dient.

130
ORDNUNG IN DEN SPIELBEREICHEN

Kinder haben gerne ihre eigenen Bereiche. Das Organisieren des Spielbereichs macht man am besten gemeinsam, da es schließlich um die Spielsachen und Bereiche der Kinder geht. So lernen sie nicht nur den Nutzen des Aufräumens, sondern festigen auch Aktivitäten wie Sortieren, Zählen, Teilen und Kategorisieren. Hier sind einige Ideen für mögliche Bereiche:

AKTIVITÄTSBEREICHE Stellen Sie eine Staffelei und Farben auf einen glatten Boden, legen Sie Spiele auf einen mit Sitzkissen umringten Tisch und räumen Sie eine Fläche für das Bauen mit Bausteinen frei. Passen Sie den Bereich seiner Nutzung an.

ALTERSGERECHT AUFBEWAHREN Kleinere Kinder öffnen lieber Boxen auf niedrigen Regalen, während ältere Kinder Schubladen, Regale und Schränke nutzen können. Alles soll für die Kinder erreichbar sein.

ETIKETTEN MIT BILDERN Für Kinder, die noch nicht lesen können, kann man die Behälter mit Fotos des Inhalts bekleben – entweder mit Sofortbildern, Ausdrucken oder aus Zeitschriften ausgeschnittenen Bildern.

KEINE GROSSEN BOXEN Spielsachen am Boden einer großen Kiste werden nicht gesehen und daher selten benutzt. Bewahren Sie Ähnliches zusammen in beschrifteten transparenten Behältern auf.

DIE FANTASIE ANREGEN Geben Sie alte Schals, Hüte, Handschuhe, Modeschmuck und andere Accessoires in einen Korb, um Rollenspiele mit Verkleidungen zu fördern.

TRANSPORTBEHÄLTER ÜBERALL IM HAUS VERTEILEN Auch wenn Sie einen eigenen Spielbereich für Ihre Kinder haben, finden sich Spielsachen immer an den ungewöhnlichsten Orten. Wenn man gleich einen Behälter zum Transport zur Hand hat, wird das allabendliche Aufräumen zum reinsten Kinderspiel.

131
ALLABENDLICHES AUFRÄUMEN

Kinder sollen lernen, dass das Aufräumen keine lästige Pflicht ist, sondern dem Spielen mehr Spaß bringt. Legen Sie ein Lieblingslied der Kinder auf und lassen Sie die Kinder aufräumen, bis das Lied zu Ende ist; oder sie räumen während der Werbepausen ihrer Lieblingssendung auf. Spielerisches Aufräumen macht die Kinder stolz auf ihren Bereich und wird zum Abendritual.

SPIELE AM SPIELORT

Brettspiele separat von anderen Spielsachen aufbewahren. Unsere Spiele liegen unter dem Couchtisch im Spielzimmer. So sind sie gleich da, wo man sie spielt. Das ist eine praktische, einfache Ordnungslösung.

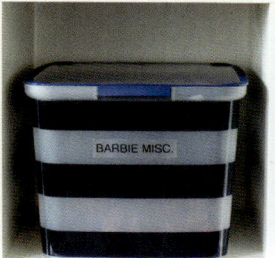

132

DAS SPIELZIMMER AUFRÄUMEN

Der Raum, in dem Ihre Kinder am häufigsten spielen, gleicht schnell einem Schlachtfeld, wenn man die Unordnung nicht unter Kontrolle bekommt. Finden Sie ein passendes Ordnungssystem und bleiben Sie dabei. Das allabendliche Aufräumen (siehe Nr. 131) geht leichter, wenn das System eingehalten wird. Und das funktioniert, wenn man Folgendes beachtet:

BESCHRIFTEN Behälter oder Körbe deutlich beschriften, je nach Alter der Kinder mit Worten oder Bildern. Sehen die Kinder, was wohin gehört, ordnen sie eher alles richtig ein.

DECKEL In unserem alten Ordnungssystem haben wir Behälter ohne Deckel verwendet, was in manchen Familien funktionieren kann. Manche Kinder werfen beim Aufräumen aber einfach alles in die nächsten statt in die richtigen Behälter, die dann bald übervoll sind. Boxen mit Deckel kann man fast überall kaufen und es lohnt sich, da Sie damit in Zukunft viel Zeit sparen.

NEU SORTIEREN Sortieren Sie die Behälter einmal im Monat neu. Ganz gleich, wie Sie sortieren oder wie viele Deckel Sie haben, es werden sich immer Spielsachen in die falschen Behälter verirren und im Nu enthält die „Barbie-Box" alles, nur keine Barbiepuppen.

EINFACHES SYSTEM Kinder mögen es unkompliziert!

133

PUZZLETEILE

In Puzzles herrscht bald einmal Chaos und die vielen Schachteln sind nicht einfach zu ordnen. Damit Puzzles stapelbar bleiben (und keine Teile verlorengehen), kann man jedes Puzzle in einen eigenen kleinen Behälter mit Deckel geben. Das Bild vom Originalkarton ausschneiden (meist gibt es ein kleines und das Bild auf dem Deckel) und mit den Puzzleteilen in den Behälter legen oder auf den Deckel kleben.

134
SPIELTISCH BEI BEDARF

Wenn Sie wenig Platz haben, aber Ihren Kindern eine Fläche zum Malen, Puzzeln und Spielen bieten möchten, können Sie aus Regalwürfeln mit Rollen eine größere Fläche zusammenstellen und die Würfel später wieder an die Wände des Raums zurückrollen.

Man kann auch Möbelrollen an bereits vorhandenen Regalwürfeln an-

bringen oder neue Rollwürfel kaufen – Sie benötigen ein Set aus 2–4 gleichen Würfeln, die glatt aneinanderpassen, ohne überstehende Teile. Befestigen Sie extra starke Klettstreifen an den aneinanderliegenden Seiten der Würfel und bunte Etiketten an den vier Ecken, die sich in der Mitte treffen.

Bewahren Sie die Würfel entlang der Wände des Raums auf, wenn sie nicht benutzt werden. In ihnen kann man Spiele, Behälter oder Bücher stapeln. Bei Bedarf können Sie sie einfach zusammenschieben.

135
TIERE IM NETZ

Eine selbstgemachte oder gekaufte Hängematte ist die perfekte Heimat für Kuscheltiere. Die Tiere sind schnell hineingeräumt (nicht zu hoch hängen) und sie ist wie ein Bett, in das die Tiere abends schlafen gehen. Wenn Sie gerne Stricken, können Sie mit etwas Wolle und dicken Nadeln ein Netz stricken. Oder Sie hängen ein Stück Stoff oder Tüll auf. Zusätzlich sparen Sie wertvollen Platz auf dem Boden.

136
EIN ZELT BAUEN

Wenn Sie zu Hause keinen eigenen Raum für alle Bausteine, Brettspiele, Puppen, Puzzles und anderen Spielsachen haben, können Sie einen kinderfreundlichen Bereich einrichten.

Eine entzückende Möglichkeit wäre, ein semipermanentes Zelt in einer Ecke des Wohn-, Schlaf-, Hobby- oder Arbeitszimmers aufzustellen – wo immer Sie Platz haben. Kaufen Sie ein Zelt oder befestigen Sie einige leichte Stoffe zwischen ein paar Stühlen und bringen Sie bunte Bänder oder Stoffstreifen an. Für eine besonders zauberhafte Atmosphäre einfach ein paar batteriebetriebene LED-Lichterketten (die nicht heiß werden) aufhängen.

Fertig ist der gemütliche Spielbereich für kleine Kinder, in dem auch die Spielsachen verschwinden.

Profitipp

ABC-KISTEN

Wenn Sie Kinder im richtigen Alter dafür haben (und genug Platz), beschriften Sie jeden Behälter mit einem Buchstaben des Alphabets und ordnen die Spielsachen passend ein. Lernen und organisieren zugleich!

WOCHE 12
DIE SPIELZIMMER-
Aufgabe

In Spielzimmern hält das Chaos schnell Einzug – Kinder lassen ihre Spielsachen gerne überall herumliegen. Ein gutes Ordnungssystem erleichtert das Aufräumen für Sie und auch für Ihre Kinder. Wenn Sie kein eigenes Spielzimmer haben, können Sie in dieser Aufgabe Spielsachen und Spiele in ihren jeweiligen Bereichen ordnen. Und wenn Sie gar keine Kinder haben, sortieren Sie stattdessen Ihre Erinnerungsstücke, Auszeichnungen und Ihr Hobby- und Bastelzubehör. Dazu zählen Sportausrüstung, Trikots und Wimpel; Plaketten und Pokale; Zubehör fürs Stricken, Nähen oder Scrapbooking – welche Gegenstände auch immer zu Ihren Hobbys und Sammlungen gehören.

ARBEITSABLAUF

1. VORBEREITEN
Holen Sie Ihre treuen Behälter und beschriften Sie sie: „behalten", „spenden", „Müll/Recycling" und „anderer Raum".

2. SORTIEREN UND AUSMISTEN
Gehen Sie alles durch, auf den Regalen und am Boden, in Körben, Spielzeugkisten und Schubladen, und sortieren Sie es in die Behälter. Möglichst viel entrümpeln. Wenn die Kinder länger nicht mit etwas gespielt haben oder zu alt für etwas sind: raus damit. Auch Spielsachen, die immer für Unordnung sorgen, gehören weg. Man muss keine Kinderherzen brechen – man kann die Sachen auch erst einmal für einen Monat außer Sichtweite räumen. Wenn die Kinder sie in der Zeit nicht vermissen, werden sie es wohl nie.

3. SAUBERMACHEN
Alle Regale und alle Spielzeugkisten innen und außen abwischen. Glatte Spielsachen abwischen und Kuscheltiere im Schongang waschen (vorher die Waschetiketten prüfen, damit die Tiere nicht beschädigt werden).

4. ORDNEN
Gehen Sie nun alles im Ordner „behalten" durch, ein Spielzeug nach dem anderen, und sortieren Sie nach Art des Spielzeugs. Geben Sie Ähnliches, wenn möglich, zusammen in Behälter und beschriften Sie diese. Die Kategorien hängen vom Alter und den Interessen Ihrer Kinder ab und könnten folgendermaßen aussehen: Kaufmannsladen, Zeichnen & Basteln, Barbie, Spielkonsolen, Lego, Brettspiele, Stofftiere, Puppen usw.

137

DAS BESTE FÜR DIE WÄSCHE

Ist Ihre Waschküche (Waschschrank, Waschecke) ein Sammelbecken? Dann wird es Zeit, sie aufzuräumen, auch die Wollmäuse. Der Ort, an dem sich Waschmaschine und Trockner befinden, sollte ordentlich und funktionell sein. Man glaubt nicht, wie angenehm und effizient das Wäschemachen in einem übersichtlichen Bereich sein kann.

Lagern Sie dort keine Haufen von Wäsche. Stellen Sie lieber in den Bade- oder Schlafzimmern Wäschekörbe auf, die Sie am Waschtag in den Waschraum bringen. Wenn Ihre Waschküche noch andere Haushaltsgegenstände beherbergt, sollten es nicht zu viele werden, damit kein Chaos entsteht. Ich habe zwei weiße Ikea-Regale für die vielen verschiedenen Haushaltsutensilien, wie zum Beispiel:

- ☐ Taschentücher
- ☐ Küchenrollen
- ☐ Toilettenpapier
- ☐ Nähzeug
- ☐ Glühbirnen
- ☐ Werkzeug
- ☐ Katzenstreu
- ☐ feuchte Reinigungstücher
- ☐ Fußbodenreiniger
- ☐ Vorrat an Waschmitteln, Seifen und Trockentüchern

138

SCHUHREGAL ALS FLASCHENHALTER

Ein Schuhregal für die Tür kann auch anderweitig genutzt werden, etwa zum Aufbewahren von Sprühflaschen und Reinigern. So steht nichts im Weg und dennoch ist alles übersichtlich. So weiß man immer, was noch da ist. Und gefährliche Stoffe sind außer Reichweite von Kindern. Hinter der Tür kann man Besen, Mop, Staubwedel und Bügelbrett mit Zubehör verstauen.

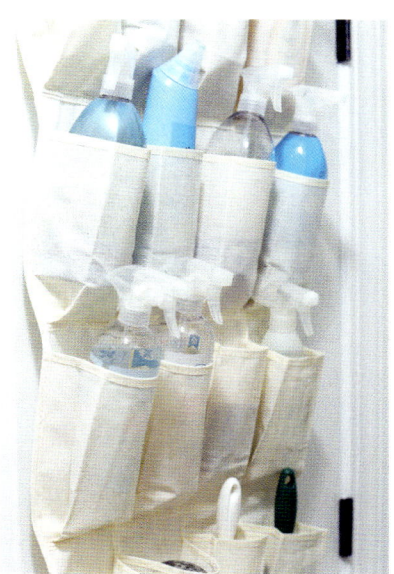

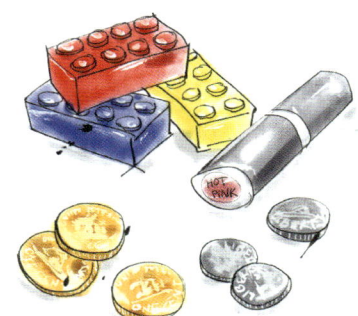

139

FUNDSTATIONEN EINRICHTEN

Stellen Sie einige Körbe oder Boxen auf, um Fundstücke aus Hosentaschen und dem Trockner zu verwahren. Beschriften Sie die Behälter, damit alle Familienmitglieder immer wissen, wo sie ihre verlorenen Münzen, Lippenstifte und Knöpfe abholen können.

Profitipp

PERSÖNLICHE NOTE

Ich habe meiner Waschküche eine persönliche Note verliehen und ein Familienfoto in einem antiken Rahmen aufgehängt. Es lässt den Raum freundlicher wirken und ist ein netter Blickfang.

140

GERNE WASCHEN

Eine Waschküche zum Wohlfühlen enthält auch dekorative Elemente. Neben Ordnung und Effizienz soll Ihnen der Raum auch Freude bringen. Gestalten Sie ihn einladend, steigt sein Nutzen (und das Wäschemachen wird auch für andere Familienmitglieder weniger lästig).

Das obere Regal in meiner Waschküche dient vor allem der Ästhetik, aber ich mag es sehr. Ich bewahre darauf auch einen Eimer und ein paar Putzsachen auf. Ich mag auch meine kleinen Behälter für diverses Waschzubehör. Zwar benötige ich es nicht jeden Tag, aber es ist praktisch, alles in der Nähe zu haben:

- ☐ Waschmaschinenreiniger
- ☐ Müllbeutel
- ☐ Putzlappen
- ☐ Wischbezüge
- ☐ Reinigungsgeräte
- ☐ Schwämme
- ☐ Trocknertücher
- ☐ Einlagen für Katzentoiletten
- ☐ Staubsaugerbeutel

Und wenn Sie Platz für Regale haben, können Sie Vorhänge davorhängen: So bleiben Wasch- und Putzmittel verborgen und alles sieht ordentlicher aus.

141

NICHTS FALSCHES IN DEN TROCKNER

Auf manchen Trocknern kann man sich mit abwischbaren Stiften notieren, welche Wäsche nicht in den Trockner gehört. „Blauer Pulli" erinnert Sie dann beim Einfüllen daran, was Sie besser aus der Wäsche angeln. Probieren Sie den Stift aber erst auf einem unauffälligen Bereich des Trockners aus.

142

WASCHMITTEL

Wenn Sie Geld sparen oder auf natürliche Reiniger umsteigen möchten, probieren Sie das folgende Waschmittel aus. Ich habe viele Rezepte durchforstet und die meisten enthielten einige Grundzutaten. Dieses Rezept reicht für etwa 150 Waschladungen.

MAN BENÖTIGT:

- 2 kg Borax
- 2 kg Waschsoda
- 2 kg Natron
- 3 Stück geraspelte Naturseife

ANLEITUNG

Alles in einem großen Behälter vermischen und luftdicht verschließen. Beim Waschen zwei gehäufte Esslöffel zu jeder Wäsche geben, bei einer energieeffizienten Maschine weniger, und das Trennfach in der Waschmittelschublade herausnehmen. Falls Sie sonst nie mit Pulver waschen, lesen Sie die Bedienungsanleitung. Als Ersatz für Weichspüler kann man ¼ Tasse (60 ml) hellen Essig verwenden. Baumwolltücher mit ein paar Tropfen Duftöl eignen sich als wiederverwendbare Trocknertücher.

WOCHE 13
DIE WASCHKÜCHEN-
Aufgabe

Diese Woche ist Ihre Aufgabe die komplette Reinigung der Waschküche, das Waschen der restlichen Wäsche und das funktionelle Ordnen des ganzen Bereichs. Ich liebe meine Waschküche, aber das war nicht immer so – es dauerte seine Zeit, bis ich sie mir passend gestaltet hatte. Wenn Sie Ihre Waschküche diese Woche bearbeiten, können auch Sie einen funktionellen und sogar äthetisch ansprechenden Bereich gestalten.

Das wird manchen leichter fallen als anderen, besonders, wenn Ihnen Wäscheberge oder große Unordnung als Hürden im Weg stehen. Falls Sie keine Waschküche haben, reinigen und entrümpeln Sie den Bereich, in dem Sie Ihr Waschzubehör aufbewahren.

ARBEITSABLAUF

1. VORBEREITEN
Besorgen Sie vier Behälter: „behalten", „Müll", „spenden" und „anderer Raum". Räumen Sie alle Gegenstände aus der Waschküche in die Behälter. Alles muss raus, außer Waschmaschine, Trockner und Einbauten. Haben Sie Schränke in der Waschküche, räumen Sie auch diese komplett aus.

2. SORTIEREN UND AUSMISTEN
Entsorgen Sie leere Waschmittelflaschen und anderen Müll. Vielleicht haben Sie Schubladen voller Kleinkram, der keinen anderen Platz hat. Sortieren Sie sie und entsorgen Sie alles Unwichtige. Wenn Sie etwas in den letzten zwölf Monaten nicht verwendet haben: raus damit.

3. SAUBERMACHEN
Ziehen Sie Waschmaschine und Trockner ein Stück nach vorn und saugen Sie dahinter. Säubern Sie den Abluftschlauch des Trockners und wischen Sie alle Seiten von Waschmaschine und Trockner. Gießen Sie zum Reinigen der Maschine eine Tasse Chlorbleiche in die Trommel und lassen Sie den heißesten Waschgang laufen (bei leerer Maschine). Wischen Sie alle Regale, Wände, Leisten, Türen und Lichtschalter; reinigen Sie alle Lampen.

4. ORDNEN
Nun kann alles eingeräumt werden. Ordnen Sie Ihr Waschzubehör mithilfe von Behältern, Körben und Ablagen. Beschriften Sie jeden Behälter.
- ☐ Wäscheseife
- ☐ Fleckenentferner
- ☐ Putztücher
- ☐ Haustierzubehör
- ☐ Reiniger
- ☐ Müllbeutel
- ☐ Wischbezüge
- ☐ Putzgeräte
- ☐ Trocknertücher
- ☐ Küchenrollen
- ☐ Staubsaugerbeutel
- ☐ Nähzeug

5. WASCHEN
Die ganze Wäsche waschen, trocknen, falten und wegräumen.

6. VERSCHÖNERN
Nun können Sie Ihre Waschküche endlich etwas einladender gestalten. Oft sind solche Räume rein zweckmäßig eingerichtet, aber ein paar dekorative Elemente machen viel aus.

GERÜCHE VERMEIDEN

Das Hauptproblem eines eigenen Fitnessraums sind die Gerüche. Folgende Tipps helfen dagegen:

☐ Deo verwenden. Es reduziert Schwitzen und Feuchtigkeit.

☐ Die Sportkleidung gleich nach dem Training waschen.

☐ Stark riechende Kleidung vor dem Waschen mit Essig tränken.

☐ Schuhe nach dem Training auslüften und einmal im Monat waschen.

☐ Fenster öffnen und gut durchlüften.

143
EINEN FITNESSRAUM EINRICHTEN

Wenn Sie nie Zeit oder Lust haben, ins Fitnessstudio zu fahren, könnten Sie sich einen Fitnessraum zu Hause einrichten. Dazu benötigt man nicht viel und man kann so viele oder so wenige Geräte verwenden, wie man mag. Ein bisschen Fitnesstraining kostet weniger Zeit und Mühe, als man denkt. Ich empfehle die folgende Ausstattung:

HANDTÜCHER Besorgen Sie einige normale und einige schnelltrocknende Handtücher für das Training.

YOGAZUBEHÖR Matten, Yogagurte und Yogablöcke sowie Gewichtsmanschetten für Hände oder Füße.

GEWICHTE Besorgen Sie Hantelstangen mit verschiedenen austauschbaren Gewichten für wechselnde Anforderungen – und für andere Nutzer des Raums.

GYMNASTIKBÄNDER Hängen Sie Gymnastikbänder auf in der Wand verankerte Haken – man kann sie aber auch fast überall sonst aufbewahren (siehe Nr. 145).

VIDEOS Fitness-DVDs können für Motivation sorgen. Probieren Sie auch einmal etwas Ausgefalleneres aus – Ballett-Workout zum Beispiel kann überraschend effektiv sein.

TAFEL Hängen Sie eine Weißwandtafel auf, dazu ein paar abwischbare Stifte, um Ihren Trainingsplan aufzuschreiben.

BILDSCHIRM ODER LAUTSPRECHER Wenn Sie gerne zu Übungsvideos turnen, benötigen Sie zum Abspielen einen Fernseher oder ein Tablet. Wenn Sie lieber Musik hören, besorgen Sie gute Lautsprecher oder Kopfhörer für Ihr Training.

GERÄTE Wenn Sie genug Platz und Zubehör sowie Lust darauf haben, stellen Sie ein Laufband, einen Crosstrainer oder andere größere Trainingsgeräte auf. Selbst wenn das Gerät gerade so in die Ecke passt – Hauptsache, man hat Zugang dazu und verwendet es auch.

145

SIMPLES TRAINING

Wenn Sie keinen Platz für Laufband, Crosstrainer oder andere Geräte haben, können Sie mit einigen platzsparenden Gymnastikbändern ein überraschend interessantes Training absolvieren. Selbst in der kleinsten Wohnung findet man Platz für diese Multitalente. Die Bänder sind preiswert, kompakt und bieten Trainingsvarianten für verschiedene Muskeln – von Bizeps-Curls bis zu Leg Lifts. Bei so viel Abwechslung wird einem nicht langweilig – und man kann sich ein alters- und leistungsgerechtes Trainingsprogramm maßschneidern. Die Bänder bieten viele der Vorteile der Gewichte, sind aber viel leichter und einfacher im Haus oder der Sporttasche herumzutragen. Mit ihnen benötigt man weniger Geräte und man kann die Bänder fast überall aufbewahren – an die Wand hinter einer Tür hängen, falten und in eine Kiste legen oder in der Sporttasche immer bei sich tragen. Es gibt unzählige Möglichkeiten. Und vielleicht haben Sie auf diese Art ja doch Platz für einen gut organisierten, effizienten Fitnessbereich.

144

WAS GEHÖRT IN DIE SPORTTASCHE?

Selbst wenn Sie keinen eigenen Fitnessraum besitzen, können Sie ein mobiles Fitnessstudio in Form einer gut ausgestatteten Sporttasche mit sich führen. Da Sie diese Basics mitnehmen, sollte alles ordentlich und übersichtlich sein. Und nach dem Training sofort alles waschen!

☐ Sportschuhe, Wechselsocken

☐ Deodorant

☐ Duschgel und Shampoo in Kleingrößen, Badelatschen

☐ Handtuch und Waschlappen (wenn benötigt)

☐ wiederbefüllbare Wasserflasche

☐ Einweg-Wäschebeutel für verschwitzte Sportkleidung

☐ Ohrhörer und MP3-Player

☐ Kleidung zum Wechseln

☐ Müsliriegel

☐ Sporthandtuch

☐ Haargummis und Bürste

☐ Trainingshandschuhe

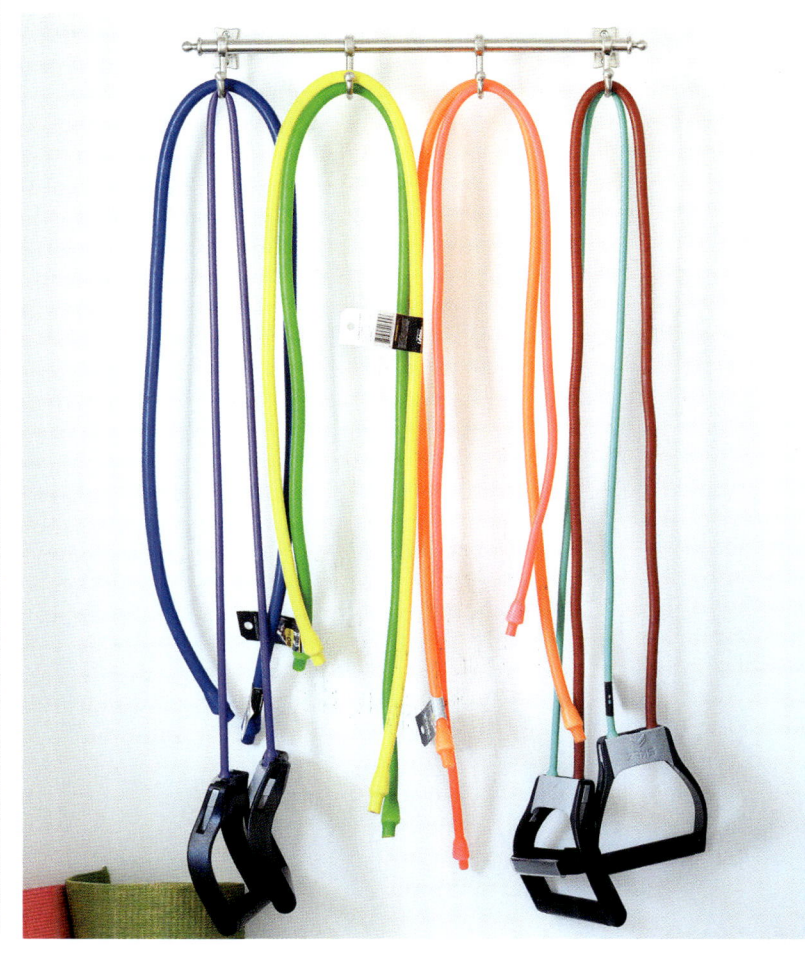

146
ZEIT FÜR DEN DACHBODEN

Auf Dachböden haben gute Ordnungslösungen oft keine Chance. Dafür gibt es meist viel ungenutzten Platz. Der Dachboden ist frei für jedes neue System, ist niemandem im Weg und eignet sich für langfristige Aufbewahrung. Kurzum, er ist der wahrgewordene Traum jedes Ordnungsliebhabers. Um Ihren Dachboden neu zu erfinden, gibt es mehrere Möglichkeiten:

SCHRÄGEN Für Dachschrägen oder dreieckige Bereiche kann man sich spezielle Aufbewahrungsbehälter mit abgeschrägten Seiten kaufen (oder basteln), die in diese besondere Form passen. Es gibt auch Einbaulösungen für Wände oder Decken, die Schubladen und Fächer bieten.

PLASTIK Selbst die dicksten Kartons verlieren hier ihre Form und nehmen mit häufiger Benutzung Schaden. Verwenden Sie daher stabile Plastikbehälter, die dichter verschlossen werden können und leichter zu transportieren sind.

BALKEN Die lästigen freiliegenden Dachbalken können nützlichen Stauraum bieten. Man kann sie etwa zu Bücherregalen umfunktionieren; den Büchern wird die Lagerung im Dunkeln guttun. Möbel oder Werkzeuge sind nicht erforderlich.

VERSCHÖNERN Wenn Ihr Dachboden Tageslicht hat, lassen Sie es herein, machen Sie sauber und streichen Sie neu. In einem einladenden Raum hält man auch lieber Ordnung. Außerdem haben Sie einen Raum mehr im Haus. Manche Dachböden sind aufwendiger zu renovieren, aber nichts ist schöner, als einen leeren, staubigen Ort in einen hübschen, nützlichen Raum für die Familie zu verwandeln.

147
DACHBODEN ENTRÜMPELN

Zeichnungen der Kinder, alte Schulsachen, Zubehör früherer Hobbys, unbenutzte Sportgeräte – all das findet auf dem Dachboden sein Zuhause. Damit sich keine Messie-Tendenzen entwickeln, sortieren und entrümpeln Sie den ganzen Kram gnadenlos.

BEHALTEN Behalten Sie nur Gegenstände mit echtem Erinnerungswert, die im Anschluss ordentlich archiviert oder an die nächste Generation weitergegeben werden sollten. So behalten Sie nur Familienerbstücke und ausgewählte Kunst- oder Schulprojekte, die ihren Urheber widerspiegeln. (Wenn Sie nicht alle in ein Album geben und auf einmal durchblättern könnten, sind es zu viele.)

FESTTAGE Wenn Sie Festtagsdekoration am Dachboden aufbewahren, richten Sie einen Bereich für ihre jährliche Verwendung ein. Alles, was Sie nie verwenden, kommt weg – zum Beispiel der Porzellan-Osterhase mit abgebrochenem Ohr.

WEGWERFEN Entsorgen Sie kaputte Gegenstände, die zum Spenden zu schäbig sind. Wenn sie niemand mehr brauchen kann, brauchen Sie diese Dinge auch nicht.

SPENDEN ODER VERKAUFEN Spenden Sie alles, was Sie nicht mehr brauchen, aber was jemand anderem gefallen könnte. Verkaufen ist aufwendiger, wenn Sie dafür nicht die Zeit haben, spenden Sie auch diese Dinge. Irgendjemand wird sich riesig darüber freuen.

148

DEN KELLER BESSER NUTZEN

Keller, vor allem unfertige, sehen oft jahrelang kein Ordnungssystem. Teilen Sie den Keller in zweckmäßige Bereiche auf. Vielleicht haben Sie Platz für alle drei Bereiche – am besten passen Sie Ihr System an Ihre Bedürfnisse an.

VERSORGUNGSBEREICH Im Versorgungsbereich befinden sich die eingebauten Installationen: Heizkessel, Boiler, Verteiler und andere Versorgungszentren des Hauses. Man kann sich ihre Lage nicht immer aussuchen – oft sind sie an unterschiedlichen Orten. Sie müssen für guten Zugang zu allen Anschlüssen sorgen, damit sie im Notfall oder für Wartungsmechaniker erreichbar sind. Wenn Sie dennoch etwas davorstellen müssen, verwenden Sie dafür Rollregale.

LAGERBEREICH Der Lagerbereich wird in kleinere Bereiche unterteilt, nachdem der Keller entrümpelt und die verbleibenden Gegenstände kategorisiert wurden. Hierhin kommen Möbel, Fahrräder, Werkzeuge und die Campingausrüstung.

WOHNBEREICH Falls Sie einen ausgebauten Bereich im Keller haben (etwa als Medien- oder Gästeraum), ist hier ein Wohnbereich der Familie. Er kann auch einem speziellen Zweck dienen: als Spielzimmer, Bastelraum oder Werkstatt.

149

UNGENUTZTE ORTE ENTDECKEN

Nehmen Sie ungenutzte Bereiche in Beschlag und bewahren Sie dort etwas auf. Vielleicht enthält Ihr Keller nicht alle der folgenden Elemente, aber denken Sie sich eine kreative, für Sie passende Lösung aus.

TREPPE Bringen Sie Regale mit Plastikbehältern unter der Kellertreppe an. Manche Treppen haben auch einen begehbaren Schrank, den man vielseitig nutzen kann.

DECKE Wenn der Platz reicht, können Sie Deckenregale und Behälter aufhängen – für Sperriges wie Plastik-Weihnachtsbäume oder Fahrräder. Oder auch für Gegenstände, die man längerfristig verwahrt, etwa alte Kleidung mit sentimentalem Wert oder Bücher, die Sie für Ihre Enkel aufbewahren.

WAND Falls Sie schon einmal über ein Fahrrad gestolpert sind, wissen Sie, wie wertvoll eine Fahrradaufhängung für die Wand ist.

Profitipp

VERTEILER MIT TASCHENLAMPE

Irgendwann wird eine Sicherung durchbrennen. Also schnappen Sie sich etwas Klett- oder Magnetband und befestigen Sie eine Taschenlampe neben dem Sicherungskasten. So finden Sie im Dunkeln immer Licht.

150

EIN KLEINES GEWÄCHSHAUS

Im Winter kann man in manchen Kellern die Gartensaison verlängern. Ein Gewächshaus im Keller kann simpel oder aufwendig ausgestattet sein. Vielleicht möchten Sie Ihre Familie den ganzen Winter mit Gemüse versorgen oder als Gärtner auch in der kalten Jahreszeit Ihren grünen Daumen spielen lassen. Bestimmt besitzen Sie bereits massenhaft Töpfe, Erde, Samen und Pflanzen, die einen Platz zum Überwintern benötigen.

Ein echtes Gewächshaus benötigt Pflanzen- oder Neonlampen, die oft teuer sind (und viel Strom kosten). Dennoch kann sich diese Investition lohnen und Ihre Gartenlust jahrelang beflügeln. Das Licht hilft den Samen im Winter bei der Keimung. Das gilt für Frühlings- und Sommerblumen sowie einige Gemüsesorten.

Selbst ohne starke Lampen reicht vielleicht ein Fenster über der Erde (wenn Ihr Keller erhöht oder Ihr Haus in einen Hügel gebaut ist). Viele Gärt-

ner werfen im Herbst ihre Geranien weg, und auch wenn den Pflanzen der Winter nicht bekommt, kann man sie in einem sonnigen Keller bis zum Frühling durchaus am Leben erhalten. Weihnachts-Narzissen und Amaryllis können mit Erde oder Marmorsplitt eingetopft, im Keller gehegt und herangezüchtet und dann nach oben gebracht werden, wenn Sie zu den Feiertagen blühen.

Informieren Sie sich und passen Sie Ihren Keller Ihren Bedürfnissen an.

151

EIN TROCKENER, SAUBERER KELLER

Nachdem Sie den Inhalt Ihres Kellers sortiert und alles, die längerfristig gelagert wird, organisiert haben, sorgen Sie auch für die richtige Aufbewahrung. Transparente Behälter geben Ihnen Einblick in den Inhalt und

Luftentfeuchter (wo immer möglich) entfernen Gerüche und verhindern ein Übermaß an Feuchtigkeit, was Schaden anrichten könnte. Wenn Sie Möbel im Keller lagern, schützen Sie sie mit Planen oder Decken. Darauf achten, dass sie nicht die Wand berühren (wodurch sich Feuchtigkeit stauen kann). Wenn Sie aber einen Keller mit Tageslicht und guter Belüftung haben, ist das möglicherweise gar nicht nötig. Verlassen Sie sich am besten auf Ihren Riecher!

152

VORSICHT BEI ARCHIVIERTEN GEGENSTÄNDEN

Vermutlich kennen Sie jemanden, der nach einem starken Regen schon einmal einen überfluteten Keller vorgefunden hat. Im manchen Gegenden kann es zu Überschwemmungen kommen, gegen die man sich nicht immer wappnen kann. Aber man kann seine Kostbarkeiten schützen. Nichts am Boden lagern, was durch Wasser beschädigt werden kann. Bewahren Sie Bücher, Schallplatten, Papierwaren, Fotos, Stoffe oder Kuscheltiere anderswo auf (etwa auf dem Dachboden). Wenn Sie nur im Keller Platz haben, sind Deckenregale mit Behältern oder eine erhöhte Lagerung auf Betonziegeln eine gute Lösung. Bloß keine Kartons verwenden!

153

DAS GERÄTEHAUS

Besitzen Sie einen Geräteschuppen voll mit unbenutztem Kram? Räumen Sie ihn aus und erfinden Sie ihn neu – als Kunstatelier, Männer-Hobbyraum, Gartenhaus oder auch als Lagerraum für Oster- und Weihnachtsdeko. Gestalten Sie ihn simpel oder kreativ.

- ☐ Stellen Sie einen Tisch auf oder bauen Sie entlang der Rückwand eine Arbeitsplatte ein – für maximalen Platz.
- ☐ Regale entlang der Wände erweitern den Stauraum.
- ☐ Auf einer Steckwand über dem Tisch kann man Werkzeug und Utensilien aufhängen. Bunte Sprühfarbe peppt sie auf.
- ☐ Behälter und Körbe beschriften, damit Ordnung herrscht.

154

WEIHNACHTSDEKO AUFBEWAHREN

Auf das Verräumen des Weihnachtsschmucks freut sich niemand. Aber die folgenden Ideen machen diese Aufgabe etwas angenehmer.

Wickeln Sie Lichterketten, Lametta und anderen Schmuck, der sich leicht verheddert, auf Plastik-Kleiderbügel oder stabile Kartonstücke, bevor Sie alles für elf Monate einlagern. Sie werden sich bei sich selbst bedanken, wenn Sie vor dem Schmücken des Baums nicht noch eine Stunde lang die Deko entwirren müssen. Es gibt auch eigene Rollen für Lichterketten zu kaufen, die denselben Zweck erfüllen. Beschriften Sie unterschiedliche Beleuchtungssets mit dem Ort ihrer Aufhängung (z. B. „Geländer", „Veranda", „Baum vor dem Haus").

Kleiner Christbaumschmuck kann in stabilen Eierkartons oder in Apfelkisten aufbewahrt werden. Alte Weinkisten aus Holz eignen sich perfekt für größere Ziergegenstände.

Statt jedes Jahr Boxen und Kisten nach Verpackungsmaterial zu durchstöbern, machen Sie lieber am Ende des Jahres eine Liste aller Dinge, die Sie im nächsten Jahr nachkaufen müssen. Noch besser: Kaufen Sie alles gleich ein und nutzen Sie den Preisnachlass nach den Feiertagen.

155

POOLZUBEHÖR LAGERN

Wenn Sie einen Pool oder ein Gewässer in der Nähe haben, besitzen Sie bestimmt auch Schwimmreifen, Wasserspielzeug, Schwimmhilfen

und anderes Zubehör. Für mehr Ordnung im Pool oder beim Urlaubszubehör gibt es einiges zu beachten.

SONNENSCHUTZ Bewahren Sie Sonnenschutz und Insektenspray in einem Eimer neben dem Pool (oder den Urlaubssachen) auf, falls jemand vergisst, welchen mitzubringen. Prüfen Sie das Ablaufdatum. (Ich halte mich an folgende Regel: Wer vor dem Ablaufdatum nicht die ganze Flasche Sonnencreme verbraucht hat, verwendet zu wenig davon.)

TRAGBARE ORDNUNG Befestigen Sie ein paar Haken oder Drahtkörbe an einer alten Palette oder einem großen Stück Holz und kreieren Sie ein Ordnungssystem für Handtücher, das man nach Bedarf drinnen oder

draußen verwenden kann. Lagern Sie es im Winter oder wenn es nicht gebraucht wird in der Garage und stellen Sie es zu Beginn des Sommers und der Poolsaison draußen auf. Es ist auch ein praktischer Trockner für Badesachen und Handtücher.

KEIN SCHIMMEL Alle Aufbewahrungsbehälter sollten Löcher oder Gitter am Boden haben, durch die Wasser abtropfen kann. Haken (oder anderes, auf dem Sie nasse Sachen aufhängen) sollten für gute Luftzirkulation genug Abstand voneinander haben. Die Luft muss in und um Gegenstände gelangen können, damit kein Schimmel entsteht. Stinkende Spielsachen, die nicht in die Waschmaschine dürfen, gehören weg.

156
DIE PERFEKTE VERANDA

Wenn Sie einen Außenbereich, etwa eine Veranda, eine Terrasse oder einen Innenhof zum Empfang von Gästen haben, sollte auch alles bereit und ordentlich sein. Etwas Organisation macht den Bereich nützlicher und angenehmer – egal, ob Sie ihn viermal im Jahr oder täglich nutzen.

Die perfekte Aufbewahrung kann ganz simpel sein, etwa ein neues Mehrzweckmöbel, das heimatlosen Utensilien Platz bietet. Wer oft grillt, kann eine Holzleiter zum Regal umfunktionieren und noch Haken für Grillgeschirr oder Gartengeräte anbringen. Oder Sie verwenden einen Beistelltisch aus Rattan mit Glasfläche als Abstellplatz für Pflanzen, Getränke und Serviertabletts. Ein Hängeregal aus Draht nimmt auf der Veranda vor dem Haus die eingehende Post auf. Krimskrams versteckt man am besten in Gartenschränken oder -truhen. Es gibt unzählige Möglichkeiten – finden Sie eine, die für Sie passt.

157
VERTIKALE GÄRTEN

Wenn Sie kein großes Grundstück mit viel Gartenfläche haben, bieten vertikale Gärten viele Möglichkeiten und ersparen einem das Stolperchaos aus unzähligen Topfpflanzen auf dem Boden. Integrieren Sie Kletterpflanzen und Hängepflanzen. Säumen Sie Wege mit Pflanztöpfen, die an Zäunen angebracht sind. Verschönern Sie alle vertikalen Flächen.

Profitipp
ENTLANG DER EINGRENZUNG

L-förmige Bänke entlang der Zäune oder Mauern bieten Sitzplätze für Gäste, während die Mitte frei für Tische, Feuerstelle und Grill bleibt.

158
STOFFE FÜR DRAUSSEN

Gartenmöbel trotzen den Elementen, aber bei der Wahl der Kissen ist Vorsicht geboten. Selbst wenn Sie nicht allzu oft draußen sitzen, werden Wind, Regen, Wetter und andere Elemente auch die robustesten Textilien abnutzen. Kaufen Sie daher spezielle Outdoor-Stoffe, die meist chemisch behandelt sind, um resistenter gegen Feuchtigkeit zu sein. Bei Bedarf können die Stoffe einmal die Woche mit dem Gartenschlauch abgespritzt oder gründlicher mit Wasser und milder Seife gewaschen werden. Keine Waschmittel und kein heißes Wasser verwenden – sie können das Schutzmaterial angreifen. Kissen bedeckt lagern. Falls sie doch einmal nass werden, trocknen sie schneller, wenn man sie aufrecht hinstellt.

159
ALLES NEU IN DER GARAGE

In der Garage – oder an jedem anderen Stellplatz – kann sich Kram ansammeln, der nicht einmal Ihnen gehört. In fast jeder Garage herrscht Unordnung, wenn man nicht hart an deren Bekämpfung arbeitet. Hier sind einige Ideen für Ordnungssysteme in solchen Bereichen. Sie funktionieren nicht überall, aber vielleicht ist ein Tipp dabei, der Ihren Nutzungsgewohnheiten entspricht.

REGALE Vermeiden Sie Chaos auf dem Boden durch das Anbringen von Wandregalen aus Metall, Holz oder Kunststoff. Wenn Ihre Garage ungedämmt ist und sich dort Feuchtigkeit niederschlägt, bedenken Sie, dass Holz Feuchtigkeit absorbiert.

SCHUBLADEN Häufig verwendete Gegenstände (Batterien, Müllbeutel, Spielzeug für draußen) sollten gut erreichbar sein, zum Beispiel in einer alten Kommode mit transparenten Boxen in den Schubladen oder in einem Schubladenblock.

DECKE NUTZEN Die Decke ist meist freier Platz, den man viel zu selten als Stauraum nutzt. Dabei kann man dort Fahrräder aufhängen oder Regale über der Garagentür montieren, um darauf die Weihnachtsdeko zu verstauen.

BEHÄLTER Große Plastikbehälter passen zu den meisten Regaleinheiten und bieten viel Platz. Kleine Behälter eignen sich perfekt für Klebebandrollen, Taschenlampen, Maßbänder und andere kleinere Gegenstände. Behälter und Kategorien sorgen für Ordnung in der Garage.

BESCHRIFTEN Noch ordentlicher wird es, wenn Sie alle großen und kleinen Behälter auch beschriften. Entweder mit einem Etikettiergerät, mit Anhängeschildchen, mit Tafelfarbe oder einem Schneideplotter – ganz nach Belieben. Dank der Beschriftung müssen Sie beim Suchen nicht immer alle Behälter durchwühlen. Besonders in der Garage ist das nützlich, weil dort oft selten verwendete Gegenstände aufbewahrt werden.

NEUER BODEN Eine frische Farbschicht am Boden macht Ihre Garage komplett. Im Baumarkt gibt es spezielle Garagenbodenfarbe für Selbermacher. Wenn es schneller gehen soll, lohnt es sich, einen Profi zu beauftragen.

160
SICHERHEIT IN DER GARAGE

Die Garage birgt auch Gefahren: Oft lagern wir dort all die brennbaren Stoffe und scharfen Werkzeuge, die wir nicht im Haus haben wollen. Sorgen Sie für die sichere Aufbewahrung dieser Gegenstände, damit niemandem etwas zustößt.

SCHUTZAUSRÜSTUNG Tragen Sie beim Umgang mit Elektrowerkzeugen immer Schutzkleidung (Handschuhe, Schutzbrille usw.).

STABILE REGALE Verankern Sie alle Regale fest in der Wand, um Unfälle und Verletzungen zu vermeiden.

GEFAHRENGÜTER
- ☐ Leicht entzündliche Stoffe und Chemikalien sachgerecht lagern. Warnhinweise sorgfältig lesen.
- ☐ Chemikalien und Farben außer Reichweite von Kindern lagern.
- ☐ Klingen und Spitzen außer Reichweite von Kindern lagern.
- ☐ Gefährliche Chemikalien in ihren Originalbehältern aufbewahren.

KOHLENMONOXID-MELDER Kohlenstoffmonoxid ist ein gefährliches Gas und stiller Killer. Ein CO-Melder in der Garage überwacht die Belastung.

FEUERLÖSCHER Immer einen funktionierenden Feuerlöscher in der Garage bereithalten. Prüfen Sie das Verfallsdatum, markieren Sie es im Kalender und ersetzen Sie den Feuerlöscher bei Bedarf.

Profitipp

WERKZEUG LAGERN

Werkzeug kann man auf viele Arten lagern. Auf einem Steckbrett an der Wand kann man Werkzeug und Zubehör übersichtlich präsentieren. Kleinteile passen in Weckgläser – die universell einsetzbar sind. Nägel und Schrauben sieht man gut in Marmeladengläsern, Bindfaden kann durch ein Loch im Deckel abgerollt werden oder man bewahrt ein Dutzend Klebestifte darin auf. Alles ist möglich! Auch stapelbare, transparente Boxen eignen sich zum Lagern von Werkzeug, Schneidern (z. B. Teppichmesser) und anderem.

161

SAISONALES ZUBEHÖR LAGERN

Die Garage ist nicht nur ein guter Aufbewahrungsplatz für Werkzeug und Autozubehör, sondern auch für alles, was nur saisonal benötigt wird: Sportsachen, Campingausrüstung, Gartengeräte, Reiseutensilien und alles, was längere Zeit gelagert werden kann.

SPORTSACHEN Knüpfen Sie eine Ballablage aus Bungeeseilen oder geben Sie Bälle in ein Netz mit Kordelzug. Tennis-, Golf-, Hockey- oder Baseballschläger können mit Haken oder Halterungen an der Wand statt am Boden aufbewahrt werden.

TIERBEDARF Großes Tierzubehör wie Futter-Vorratsbeutel, Pflegegeräte und Transportkörbe sollten leicht erreichbar aufbewahrt, aber nicht im Weg sein. Wenn Sie Ihren

Hund im Kinderplanschbecken baden, können Sie das Zubehör im leeren Becken lagern.

URLAUB UND REISE Wenn Sie Platz und Lust haben, bringen Sie Aufbewahrungsbehälter im leeren Bereich zwischen der offenen Garagentür und der Decke an. Messen Sie vorher alles zwei- oder dreimal aus und testen Sie vorsichtig.

GARTENGERÄTE Rasenmäher oder Rasentrimmer (sowie Stolperfallen wie Rechen) außerhalb der Spielbereiche Ihrer Kinder und nicht in viel genutzten Bereichen lagern.

WINTERSACHEN Schneestiefel, Schaufeln, Weihnachtsdeko und Streusalz in einem eigenen Bereich lagern. Alles Zerbrechliche gut einwickeln und in beschrifteten Plastikbehältern sicher verwahren. Größere und schwerere Gegenstände gehören auf den Boden und leichtere Behälter darüber. Und denken Sie daran: Überfüllte Behälter lässt man leichter fallen.

163

ABSCHIEDSBEREICH EINRICHTEN

Richten Sie in der Garage einen Spenden- oder Abschiedsbereich ein. Dorthin kommen alle Gegenstände, die Ihr Haus verlassen. Das bewahrt die Übersicht und erinnert daran, sie an ihre neuen (oder alten) Orte zu bringen. Unterteilen Sie die Gegenstände in Kategorien:

☐ Spenden: Alles, was Sie karitativen Einrichtungen spenden.

☐ Retouren: Alle gekauften Waren, die retourniert werden müssen. Retournieren Sie immer alles innerhalb einer Woche.

☐ Verkauf: Alles, was Sie am nächsten Flohmarkt verkaufen wollen.

☐ Geborgtes: Gegenstände, die Sie ausgeborgt haben und dem Besitzer zurückgeben müssen.

Füllen Sie den Bereich mit Gegenständen auf und genießen Sie den frei gewordenen Platz im Haus!

162

SAUBER HALTEN

Es kostet Mühe, Garagen und Außenbereiche sauber und witterungsgeschützt zu halten. Kehren Sie die Böden mit einem Straßenbesen und wischen Sie alle Simse und Rahmen ab, um Spinnweben einzudämmen. Putzen Sie Fliegengitter mit warmem Wasser und Allzweckreiniger. Mit einer Scheuerbürste kommen Sie gut in das Gitter und die Rahmen. Dann alles mit dem Gartenschlauch abspritzen und an der Luft trocknen lassen. Wenn Sie eine große Veranda haben, lohnt sich vielleicht ein Hochdruck-

reiniger, um Schimmel, Schmutz und Flecken zu beseitigen (aber nicht auf unbehandeltem Holz). Achten Sie auf lose Nägel, verkitten Sie Löcher und versiegeln Sie bei Bedarf den Verandaboden neu. Waschen Sie Lampenschirme jeden Monat, da sich darin oft Insekten sammeln. Vor dem Wiederanbringen gut trocknen lassen.

Toni sagt

Samantha Pregenzer ist ein Ordnungsprofi. Sie bloggt über einfache Projekte, Heimwerken, Ordnungs- inspiration, Produkte sowie Projekte ihrer Kunden auf simplyorganized.me.

SAMANTHA, **SIMPLY ORGANIZED**

„ Das Aufräumen einer so chaotischen Garage wie meiner ist nicht einfach, denn sie ist ein großer Raum, den man in Bereiche unterteilen muss. Eine Garage ist wie jeder andere Bereich im Haus. Was sich hier befindet, sollte also Sinn, Zweck und Nutzen sowie einen eigenen Platz haben. Wir haben das, was nicht benötigt wurde, aussortiert und doppelt vorhandene Gegenstände gespendet. Die Kategorien sind von selbst entstanden; sobald wir wussten, was hineinkam, habe ich einen Plan zur optimalen Nutzung des Bereichs erstellt, mit viel vertikalem Stauraum. Regale bis an die Decke! Da es eine Garage ist, muss es nicht toll aussehen, aber mit den richtigen Systemen konnte ich alles unterbringen. Die Nachbarn bewundern die Garage, aber am besten gefällt mir daran, als inspirierter Hausbe- sitzer neue Projekte anzugehen – da ich alles im Blick habe! "

VORHER

NACHHER

WOCHE 14
DIE GARAGEN-
Aufgabe

Auch diese Aufgabe ist schwer. Die Garage ist für viele die schwerste Aufgabe. Aber es lohnt sich wirklich.

Wenn Sie so sind, wie ich es war, bewahren Sie viele Dinge auf – für den Fall, dass man sie noch einmal brauchen könnte. (Man braucht sie nie.) Als wir in unser Traumhaus eingezogen sind, schwor ich mir, nie wieder so viel Kram anzuhäufen. Also haben wir entrümpelt. Und wir haben noch mehr entrümpelt. Wir haben richtig viel Zeug entsorgt. Nun sind wir endlich an dem Punkt angelangt, an dem wir die Übersicht über all unseren Besitz haben. Sollten Sie noch nicht an diesem Punkt angelangt sein, wird Sie dieser Weg dorthin führen.

Für manche Leser werden diese Arbeiten nicht in einer Woche zu bewerkstelligen sein. Lassen Sie sich davon nicht entmutigen. Machen Sie das, was Sie können – und wenn es nur putzen und kehren ist, Sie werden sich besser fühlen. Wenn Sie keine Garage besitzen, räumen Sie einen anderen Lagerbereich auf, etwa einen Keller, den Dachboden oder einen Abstellraum.

ARBEITSABLAUF

1. VORBEREITEN
Rufen Sie, bevor Sie anfangen, eine Wohlfahrtseinrichtung in Ihrer Nähe an und vereinbaren Sie einen Termin zum Abholen größerer Sachspenden. Viele Organisationen müssen eine Woche oder mehr im Voraus benachrichtigt werden. Machen Sie das also zuerst. Besorgen Sie dann mehrere große Behälter zum Sortieren. Stellen Sie sie in der Einfahrt auf, denn alles sollte zum Kategorisieren aus der Garage kommen.

2. SORTIEREN UND AUSMISTEN
Gehen Sie alle Gegenstände einzeln durch, sortieren Sie Müll oder Spenden aus und ordnen Sie den Rest in die Behälter-Kategorien. Welche Kategorien das sind, hängt von Ihrer Lebensweise ab. Einige Möglichkeiten: Sport, Garten, Werkzeug, Auto, Malerei, Haustiere, Grillen, Strand/Pool und so weiter. Räumen Sie die Garage komplett aus, bis auf die nackten Wände, den Boden und die Anschlüsse.

3. SAUBERMACHEN
Wenn die Garage leer ist, wird gekehrt. Je nach Verschmutzung können Sie auch einen Laubsauger oder den Gartenschlauch einsetzen. Falls Sie dabei eine Spinnen- oder Ameisenplage entdecken, sprühen Sie die Garage entlang ihres Umfangs mit einem natürlichen Pestizid ein. Wenn alles wieder in die Garage kommt, lagern Sie es möglichst nicht auf dem Boden, sonst wird es zum Hort für Spinnen – und Staub.

4. FERTIGSTELLEN
Stellen Sie nun alle Spendengegenstände hinter der Tür auf, damit alles bereit liegt, wenn die Abholer kommen, und loben Sie sich für die erfolgreiche Erledigung dieser Aufgabe.

·GRILLING·

DROP CLOTHS

Detailing

extension cords

HARDWARE

164
ORDNUNG IM AUTO

An stressigen Tagen – oder mit Kindern – scheint ein aufgeräumtes Auto unmöglich zu sein. Es gibt aber einige Gewohnheiten, mit denen man die Ordnung im Auto bewahrt.

MÜLLEIMER Geben Sie eine Plastiktüte in einen großen Müslibehälter aus Plastik (mit Deckel). Bewahren Sie ihn als Mülleimer im Auto auf. Dank des Deckels fällt kein Müll heraus und so ein Behälter ist besser als am ganzen Rücksitz verstreuter Müll. Wechseln Sie die Plastiktüte jeden Abend aus.

AUSRÄUMEN Am besten hält man das Auto sauber, indem man es jeden Abend komplett ausräumt. Das kann zur Routine für die ganze Familie werden. Bringen Sie Ihren Kindern bei, ihre Sachen selbst auszuräumen.

KEIN UNNÜTZES ZEUG Machen Sie eine Bestandsaufnahme aller Gegenstände, die immer im Auto sind. Wird alles verwendet? Entfernen Sie alles, was auf der Fahrt nicht benötigt wird und nicht mitgenommen werden muss. So bleibt das Auto aufgeräumt.

SAUGEN UND WASCHEN Nichts ist schöner als ein blitzsauberes Auto. Seien Sie stolz darauf – Sie haben viel dafür bezahlt. Das Reinigen des Autos ist wie das Reinigen des Hauses, halten Sie es also sauber.

166
ANGENEHME REISE

Reisen mit der Familie – ob groß oder klein – kann viel Spaß machen oder stressig sein, manchmal beides. Statten Sie Ihr Auto mit allem aus, was lange Fahrten erleichtert. (Den Notfallkoffer haben Sie?)

HÖREN Hörbücher unterhalten jeden im Auto (sogar den Fahrer). Borgen Sie ein paar aus der Bücherei aus und hören Sie vorab hinein, um die interessantesten zu finden.

ESSEN Duschregale und Plastikboxen sind ideale Essenshalter für unterwegs – ob man selbstgemachte Brötchen verspeist oder unterwegs etwas bei McDonalds holt.

WÜRFELN Wenn Brett- oder Würfelspiele gespielt werden, geben Sie die Würfel in eine kleine, transparente Tupperdose, damit sie nicht schon wieder zwischen den Sitzen verloren gehen.

AUFHÄNGEN Schneiden Sie ein Schuh-Hängeregal aus Stoff zurecht, ziehen Sie eine Schnur durch den Haken und hängen Sie es über den Vordersitz. Schon haben die Passagiere am Rücksitz mehr Stauraum als Sie!

165
FÜR NOTFÄLLE GERÜSTET SEIN

Als Autofahrer werden Sie vielleicht in Unfälle oder andere Notfälle verwickelt sein. Bereiten Sie sich darauf mit einer Notfall-Ausrüstung für das Auto vor. Ein Notfall kommt überraschend, seien Sie daher für alles gerüstet. Und denken Sie daran, temparaturempfindliche Gegenstände bei extremer Hitze oder Kälte aus dem Auto zu entfernen.

NOTFALL-SETS

- ☐ Persönliches (Händedesinfektionsmittel, Taschentücher, Damenhygiene, Lippenpflege, Creme, Sonnenschutz, Mülltüte, Wasserflasche, Decke, Kleingeld, unverderbliche Snacks)
- ☐ Verbandkasten
- ☐ Kinderset (Feuchttücher, Ersatzkleidung, Windeln, Plastiktüte)

AUTOZUBEHÖR

- ☐ Starterkabel
- ☐ Taschenlampe, Ersatzbatterien
- ☐ Isolierband
- ☐ Universalwerkzeug
- ☐ Warnblinkleuchte
- ☐ Reifendichtmittel
- ☐ Handschuhe
- ☐ Abschleppseil
- ☐ Schaufel

WOCHE 15
DIE AUTO-
Aufgabe

Nun haben Sie also jeden Raum im Haus saubergemacht und aufgeräumt. Was steht nun an? Die letzte Aufgabe ist das Auto. Ich finde ja, Autos beeinflussen die Stimmung. Den ganzen Tag steigen wir in sie ein und wieder aus. Herrscht Unordnung im Auto, fühlen wir uns noch gestresster und nervöser. Es ist erstaunlich, wie beruhigend ein aufgeräumtes Auto wirken kann. Und die gute Nachricht? Dieser „Raum" ist kleiner als die meisten anderen, die Sie in den letzten Wochen bearbeitet haben.

Halten Sie Ihr Auto möglichst leer und sauber. Saugen und waschen Sie es einmal in der Woche. Sie haben viel Geld dafür bezahlt und möchten bestimmt, dass Ihr Auto Sie noch lange begleitet.

In unserer Familie gilt die Regel: kein Essen und keine Getränke im Auto. Ihre Kinder werden nicht verhungern, wenn sie im Auto nicht essen. Für lange Fahrten kann man natürlich Ausnahmen machen, aber dank der Anti-Essens-Regel in unserem Auto wird ein Großteil der Unordnung beseitigt, bevor sie entsteht.

ARBEITSABLAUF

1. VORBEREITEN
Besorgen Sie zwei Behälter und einen großen Müllbeutel für die Kategorien „bleibt im Auto", „gehört ins Haus" und „Müll".

2. SORTIEREN UND AUSMISTEN
Entfernen Sie alles aus dem Auto, was nicht ein wesentlicher Teil davon ist. Räumen Sie alles aus. Sortieren Sie alles in die Behälter; was Sie nicht brauchen, kommt in den Müll. Das Auto ist kein Lagerraum.

3. SAUBERMACHEN
Reinigen Sie das Auto gründlich. Saugen, innen abwischen und die Fußmatten zum Saugen oder Waschen herausnehmen. Die Fenster außen und innen putzen und das Auto von außen waschen.

4. ORDNEN
Gehen Sie nun alles im „Bleibt im Auto"-Behälter durch und ordnen Sie es nach Kategorie. Bewähren Sie ähnliche Gegenstände zusammen im Kofferraum, in der Mittelkonsole oder im Handschuhfach auf:

Kofferraum Einkaufstaschen, Notfallkasten (Warnfackeln, Sicherungen, Starthilfekabel usw.), einen Verbandkasten und ein Kinder-Set (wenn Sie Kinder haben, bewahren Sie Spielsachen in einer Tasche im Auto auf).

Mittelkonsole Ein echter Chaosmagnet (die Allzweck-Schublade des Autos), darum nur das Nötigste hier aufbewahren. Für mich sind das Lippenbalsam, Feuchttücher und Münzen für die Parkuhr.

Handschuhfach Bewahren Sie hier die Autopapiere in einer kleinen Mappe auf, zusammen mit Belegen und Ladekabeln.

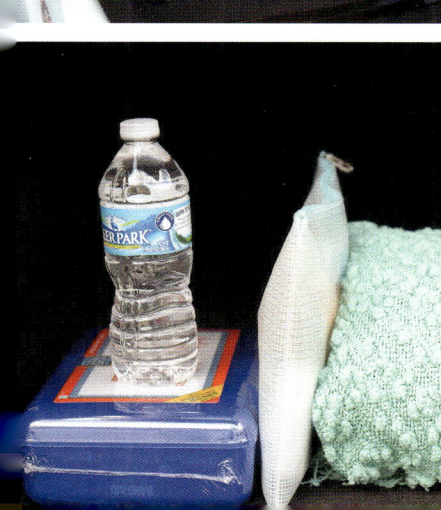
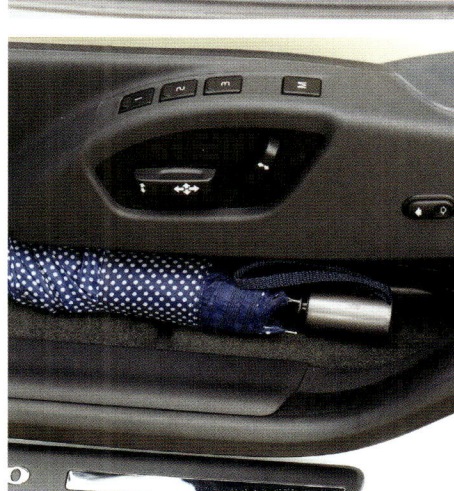

Schlusswort

Wenn Sie verstehen, wo Unordnung entsteht und wie sie sich auf Ihr Leben auswirkt, erkennen Sie die Bedeutung eines Ordnungsplans. Chaos manifestiert sich auf viele Arten und Sie können sich abgewöhnen, das Chaos zu fördern. Wenn Sie neue Kleider kaufen wollen, spenden Sie vorher einige alte, um Ihren Schrank nicht zu überfüllen. Nehmen Sie sich einmal die Woche Zeit zum Entsorgen ungenutzter Dinge. Sie werden merken, wie der Stress eines unordentlichen Haushalts nachlässt. Solche Kleinigkeiten machen den größten Unterschied – beim Aufbau und beim Erhalt der Ordnung.

Vielleicht haben Sie das Buch von Raum zu Raum und jede Aufgabe der Reihe nach durchgearbeitet oder mehrere Kapitel auf einmal genommen. Jedenfalls hoffe ich, dass Sie wertvolle Tipps und Ideen sammeln konnten, die mehr Ordnung in Ihr Zuhause bringen werden. Stellen Sie sich dem Chaos, führen Sie ein System ein und bleiben Sie dabei – selbst die kleinsten Projekte können einen großen Unterschied machen. Bald werden Sie neue Angewohnheiten bilden und die Unordnung wird die Ausnahme sein, nicht mehr die Regel.

Jeder ist anders. Finden Sie also heraus, wie Sie aus Ihren Bereichen das Beste herausholen – und genießen Sie die Harmonie und Effizienz Ihres neu sortierten, maßgeschneiderten Lebensraums.

Register

Register

Register

Danksagung

Zuallererst danke ich Gott. Nur durch Seine Gnade bin ich hier. Ich danke Weldon Owen Publishing für diese großartige Chance und den Glauben an meine Fähigkeit und Vorstellungskraft, dieses Buch zu schreiben. Besonderer Dank gilt meiner Lektorin Bridget Fitzgerald, die mir immens geholfen und mich bei jedem Schritt auf meinem Weg geführt hat. Ohne dich hätte ich es nicht geschafft. Danke an meine Herausgeberin Mariah Bear, die mich auf meinem Kurs gehalten hat und mich zum Weitermachen animierte. Dank auch an die Designerin Jennifer Durrant, die meine Änderungszwänge während des gesamten Entstehungsprozesses geduldig akzeptierte. Ein herzliches Dankeschön an den Art Director William Mack, die Illustratoren Juan Calle und Louise Morgan, und die Werbe- und Marketing-Teams, einschließlich Cathy Hebert und Molly Battles. Ich weiß eure Arbeit wirklich zu schätzen.

Ich danke dem restlichen Team von Weldon Owen für all das kreative Talent und die harte Arbeit an diesem Projekt. Ich bedanke mich bei jedem, der vom Anfang bis zum Ende beteiligt war.

An die tausenden Fans meines Blogs, durch die ich meine Ordnungsliebe mit der Welt teilen durfte: Ihr seid der Grund, warum ich nach fünf Jahren immer noch blogge.

An die führenden Ordnungsblogger, die von Anfang an dabei waren: Ihr alle inspiriert mich. Becky Rapinchuk, Becky Barnfather, Anna Moseley, Ginny Grover, Leslie Ann Holt, Leanne Jacobs und Laura Wittmann. Ich liebe euch, Mädels.

An die Fans von A Bowl Full of Lemons auf Facebook, die ihre grenzenlose Begeisterung und Unterstützung für mein Blog gezeigt haben: Ich kann euch nicht genug danken.

Last but not least: Ich bedanke mich bei meiner Familie – für ihre bedingungslose Liebe, ihre Geduld und ihr Verständnis in den letzten Monaten. Ich entschuldige mich für den Mangel an hausgemachtem Essen, sauberer Wäsche und dringend benötigter Aufmerksamkeit in dieser Zeit. Ich wusste, ihr kommt damit klar, weil ihr drei tolle Kinder seid. Ich bin so stolz, eure Mom zu sein. Dank an meinen Mann, der für mich eingesprungen ist und die vielen Aufgaben einer Hausfrau und Mutter übernommen hat. Du hast die Familie zusammengehalten, wenn ich überlastet war. Ich bin dankbar und glücklich, so eine Stütze in meinem Leben zu haben. Du bist mein Fels in der Brandung, ohne den ich es nicht geschafft hätte. Ich liebe dich von ganzem Herzen.

Über die Autorin

Toni Hammersley ist die Gründerin und Verfasserin von www.abowlfulloflemons.net, einer Organisations-Website, die Ordnung in das Leben tausender Menschen auf der ganzen Welt bringt. Jedes Jahr veranstaltet sie einen populären 14-wöchigen Ordnungswettbewerb, der anderen bei der Beseitigung von Unordnung helfen soll. Außerdem ist sie eine geprüfte Krankenschwester und Fotografin. Sie lebt mit ihrem Mann und ihren drei Kindern in Charleston, South Carolina.

Bildnachweis

Alle Fotos © *Toni Hammersley* außer folgende: *Melanie Acevedo* (© *Weldon Owen/Pottery Barn Kids*): 093, 094; *Lincoln Barbour*: ganze Seite gegenüber 002, 024, 032 (oben), Doppelseite nach 070, ganze Seite gegenüber 072, ganze Seite gegenüber 106, ganze Seite gegenüber 123; *Amy Bartlam*: Doppelseite nach 029 (Design: Kate Lester Interiors); *Alexander van Berg*: ganze Seite gegenüber 029; *Paul Dyer Photography*: ganze Seite gegenüber 019; *Jeff Freeman*: 008; *Scott Hargis* (*scotthargisphoto.com*): ganze Seite gegenüber 070; Alison Hammond Photography: ganze Seite gegenüber 126 (Innendesign: Egon Walesch Interiors & Flowers); *Richard Leo Johnson/Atlantic Archives, Inc.*: ganze Seite gegenüber 112; *Simon Kenny*: ganze Seite gegenüber 146, 106; *Johasen Krause*: Arbeitsbereich + Garten Titel, 124, 156, 157; *Sean Litchfield*: ganze Seite gegenüber 003 ; *Cindy Loughridge*: 018, 071; *Mark Lund* (© *Weldon Owen/Pottery Barn*): 119, 122, 129 (ganze Seite), 153; *David Matheson* (© Weldon Owen/Pottery Barn): 036; *Stefano Massei* (© Weldon Owen/Pottery Barn): 064, 068, 082, 098, 106, 140, 146 (klein); *NEAT Method Photography/Michelle Drewes*: 041, ganze Seite gegenüber 096; *No. 29 Design*: ganze Seite gegenüber 124; *Mirian Parsons* (*missmustardseed.com*): 057, ganze Seite gegenüber 068, ganze Seite gegenüber 111, ganze Seite gegenüber 122; *Lisa Petrole*: 092; *Eric Roth*: ganze Seite gegenüber 117, 136; *Prue Ruscoe* (© *Weldon Owen/Pottery Barn*): 077, 086; *Shutterstock*: Profitipp neben 003, 013 (Messer und Töpfe), Doppelseite nach 018, 047, 048, 049, 050, 058, 060, 096, 105, Profitipp neben 129, Profitipp neben 131, Profitipp neben 139, 150, 154, 166; *Jill Sörensen*: ganze Seite gegenüber 088; *Daniel Trovato*: ganze Seite gegenüber 092 (Design: Hide & Sleep); *Simon Whitmore*: 076: Alan Williams: 085; *IPC Syndication/Homes & Gardens/Polly Wreford*: 142

Alle Illustrationen mit Genehmigung von Louise Morgan,
außer den folgenden: *Juan Calle:* 002, 017, 052, 070, 118

Vorher/Nachher-Fotos mit Genehmigung von:
Organizing Made Fun *organizingmadefun.com*
Graceful Order *gracefulorder.com*
Ask Anna *askannamoseley.com*
Organizing Home Life *organizinghomelife.com*
At Home with Nikki *athomewithnikki.com*
Neat Method *neatmethod.com*
Simply Organized *simplyorganized.me*

Bibliografische Information der Deutschen Nationalbibliothek

Die Deutsche Nationalbibliothek verzeichnet diese Publikation in der Deutschen Nationalbibliografie.
Detaillierte bibliografische Daten sind im Internet über http://dnb.d-nb.de abrufbar.

Für Fragen und Anregungen:
info@mvg-verlag.de

2. Auflage 2018

© 2016 by mvg Verlag, ein Imprint der Münchner Verlagsgruppe GmbH,
Nymphenburger Straße 86
D-80636 München
Tel.: 089 651285-0
Fax: 089 652096

© 2016 Weldon Owen Inc.

A Bowl Full of Lemons © A Bowl Full of Lemons, LLC.

Redaktion und Satz: Print Company Verlagsges.m.b.H., Wien
Übersetzung: Nina Kavelar
Umschlaggestaltung: Marc-Torben Fischer, München

Druck: Firmengruppe APPL, aprinta Druck, Wemding
Printed in Germany

ISBN Print 978-3-86882-770-5
ISBN E-Book (PDF) 978-3-96121-005-3
ISBN E-Book (EPUB, Mobi) 978-3-96121-006-0

Weitere Informationen zum Verlag finden Sie unter

www.mvg-verlag.de

Beachten Sie auch unsere weiteren Verlage unter **www.m-vg.de**

Weldon Owen bedankt sich bei Katharine Moore, Molly Stewart und Jim Fitzgerald für ihre redaktionelle Arbeit und bei Kevin Broccoli für das Register.